2025

浜松ホトニクスの就活ハンドブック

就職活動研究会 編
JOB HUNTING BOOK

は じ め に

　2021年春の採用から，1953年以来続いてきた，経団連（日本経済団体連合会）の加盟企業を中心にした「就活に関するさまざまな規定事項」の規定が，事実上廃止されました。それまで卒業・修了年度に入る直前の3月以降になり，面接などの選考は6月であったものが，学生と企業の双方が活動を本格化させる時期が大幅にはやまることになりました。この動きは2022年春そして2023年春へと続いております。

　また新型コロナウイルス感染者の増加を受け，新卒採用の活動に対してオンラインによる説明会や選考を導入した企業が急速に増加しました。採用環境が大きく変化したことにより，どのような場面でも対応できる柔軟性，また非接触による仕事の増加により，傾聴力というものが新たに求められるようになりました。

　『会社別就職ハンドブックシリーズ』は，いわゆる「就活生向け人気企業ランキング」を中心に，当社が独自にセレクトした上場している一流・優良企業の就活対策本です。面接で聞かれた質問にはじまり，業界の最新情報，さらには上場企業の株主向け公開情報である有価証券報告書の分析など，企業の多角的な判断・研究材料をふんだんに盛り込みました。加えて，地方の優良といわれている企業もラインナップしています。

　思い込みや憧れだけをもってやみくもに受けるのではなく，必要な情報を収集し，冷静に対象企業を分析し，エントリーシート作成やそれに続く面接試験に臨んでいただければと思います。本書が，その一助となれば幸いです。

　この本を手に取られた方が，志望企業の内定を得て，輝かしい社会人生活のスタートを切っていただけるよう，心より祈念いたします。

就職活動研究会

Contents

第**1**章

浜松ホトニクスの会社概況

会社によって選考方法は千差万別。面接で問われる内容や採用スケジュールもバラバラだ。採用試験ひとつとってみても，その会社の社風が表れていると言っていいだろう。ここでは募集要項や面接内容について過去の事例を収録している。

また，志望する会社を数字の面からも多角的に研究することを心がけたい。

✔ 求める人材について

■人類未知未踏への挑戦

私たちが皆さんに求めていることは，私たちと共に人類未知未踏の領域に挑戦していこうという気概です。「光」の専門的な知識の有無は関係ありません。それは入社後，仕事を通じて学んでいけば良いこと。何を学んだかということよりも，自分なりの視点・考え方をもって意欲的に物事に取り組む【主体性】を重要視しています。

当社では未だ本質の解明されていない「光」を相手に仕事をしているため，皆さんの持っている知識やアイディアを基に，新しい事業を開拓する【創造性】にも期待しています。理系の方に限らず，文系の方についても，未知の分野に挑戦する意欲を重要視しています。

■研究も開発も製造も全員が「研究者体制」！

ふつう，メーカーが製品開発を行う場合，研究者が「与えられたテーマ」を研究することで新しい技術を発見し，それを開発者が製品レベルに落とし込むために開発を行う。そして，製造担当者が製造ラインにのせていく，というのがもっとも一般的です。

ところが当社の場合は，この流れにあてはまりません。

研究・開発・製造の各担当者がそれぞれ独自のテーマを持ち，研究的，あるいは開発的発想で製品開発に携わっています。つまり製造担当者といえども製造技術だけを磨くのではなく研究・開発的発想でものづくりを行っております。

当社では，「全員研究者体制」がモットー。

中央研究所だけでなく，電子管，固体，システムの各事業部で，世界初の技術を続々と生み出している事実は，ものづくりの実践の中で技術を磨く社風の表れです。

✔ 会社データ

設立	昭和28年9月29日
資本金	35,008百万円
従業員数	3,884名（海外出向者・その他78名除く） （2022年9月30日現在）
主要営業品目	光電子増倍管、イメージ機器、光源、光半導体素子、画像処理・計測装置
売上高 （連結ベース）	2,088億円（2022年9月期）
発行済み 株式総数	165,052,729株
上場	東京証券取引所 プライム市場（証券コード：6965）

✔ 仕事内容

学術研究分野

人類未知未踏の追求

岐阜県飛騨市神岡町にあるニュートリノ観測施設「スーパーカミオカンデ」は、最先端の素粒子ニュートリノ研究で世界をリードしています。当社が開発した20インチ光電子増倍管はニュートリノ検出に欠かせないセンサとして、本研究に貢献しております。2002年の小柴昌俊東京大学特別栄誉教授に続き、2015年には梶田隆章東京大学宇宙線研究所長のノーベル物理学賞受賞により、ひときわ大きな注目を集めました。

「できないと言わずにやってみろ」

20インチ光電子増倍管の開発のきっかけは、当時の当社社長（現会長）晝馬輝夫のその一言でした。試行錯誤の末、当社は世界初20インチ光電子増倍管を量産。ニュートリノ観測成功をきっかけに、当社に対して世界各地の研究所から開発依頼が入るようになりました。

また2013年には、フランソワ・アングレール名誉教授とピーター・ヒッグス名誉教授のノーベル物理学賞受賞が話題になりました。受賞理由は「神の粒子」ことヒッグス粒子の発見。神の粒子発見の舞台となった欧州原子核研究機構（CERN）の大型ハドロン衝突型加速器（LHC）にて使用される検出器（SSD、APD）も、当社が担当しています。

これらの製品開発は簡単ではありませんでしたが、未知未踏に挑むのが我々の仕事。諦めず挑戦した結果、このような輝かしい功績を残すことが出来ました。また、ここで得た知見を、医療や宇宙等の他用途への製品開発へも活かすことで、当社製品レベルを急速に発展させるきっかけとなっています。

健康・医療分野

真の健康を目指して「光」ができること

「がんで死なない、認知症にならない社会の実現」

当社では、その実現に向けて日々研究を進めており、医療における「光」への期待はますます高まっています。近年、がんの早期発見や、アルツハイマー病の解明のために、医療診断装置PET(Positron Emission Tomography)が注目を浴びております。PET装置の検出器には光電子増倍管や光半導体素子

が使用され、最先端医療の分野でも当社製品は欠かせないものになっております。

その他にも、医療診断装置X線CT、血液検査装置、尿検査装置等、様々な医療診断装置のコアとなる検出器部分に、当社製品が使用されています。「いつまでも健康でありたい」、そんな医療業界からの思いに応えるため、各種製品開発や研究を進めています。

産業応用分野

「光」で生活を豊かに

「交通事故のない車社会」

その実現のために光センサは欠かせないものになります。当社は車間計測用の距離計測用センサをはじめ、世界中の自動車メーカへ多くの製品を提供しています。

「トリリオン・センサ」という言葉を皆さんご存知でしょうか？

毎年1兆個規模の大量のセンサを社会が消費し活用する時代が迫っています。こうした近未来に向けて、当社は自動車に限らず、皆さんの身の回りにある、スマートフォン、液晶テレビ、自動ドア、光通信、など多くの分野に光センサを供給しています。

ありとあらゆるモノが光で繋がる未来。より豊かな暮らしを目指し、浜松ホトニクスの光センサは今後も無限に広がる可能性を秘めています。

また、当社は光センサのみでなく、光を使った製造・検査工程支援にも力を入れています。半導体製造工程に革命を起こしたレーザ加工技術ステルスダイシングTMをはじめ、自動車、液晶、FA、あらゆる産業において、当社の光技術がものづくりを支援しています。

環境分析分野

「光」で地球環境を守りたい

「大気汚染、水質汚染、放射性物質・・・」

産業の発展に伴い、大気、水等私たちを取り巻く自然環境の汚染が深刻な問題となっています。それら汚染物質を高精度で分析する環境分析分野では、光を応用した各種分析装置が数多く用いられ、当社の製品がキーデバイスとして活躍しています。

例えば、大気、水中の含有汚染物質の分析装置の光源部には各種紫外線ランプやレーザ製品が、受光部には光電子増倍管や光半導体素子が使用されています。

宇宙分野
「光」で宇宙の謎に迫る
輝かしい功績を上げ映画化もされた小惑星探査機「はやぶさ」や、ハワイ島マウナケア山頂にある世界最高峰の天体望遠鏡「すばる望遠鏡」、・・・名前を聞いたことがある方も多いのではないでしょうか？実はこれらのセンサ部は当社が担当しました。 遥か彼方の宇宙はどうなっているのでしょう？誰も知らないその答えを浜松ホトニクスのセンサが解明する日も近いかもしれません。
「浜松から世界へそして宇宙へ」
浜松ホトニクスの光技術は無限の広がりを見せています。

✔ 先輩社員の声

【中央研究所材料センター材料研究室／ 2012 年入社】
「新奇光デバイス」の実現に向けて

私が所属する材料研究室では，光と物質・電子の相互作用（ナノホトニクス）を研究しています。

私の主な業務としては，光と物質を相互作用させるために必要な「ナノ構造」の作成です。試作，実験を繰り返し行うことで，現在の発光・受光デバイスのさらなる特性向上を目指しています。それにより従来の物質では成しえない「新奇光デバイス」の作成を実現したいと考えています。研究は，いくつかのテーマに分かれており，その中の一つを担当しています。少人数で一つのテーマを行うので，基本的には，設計から試作・評価までを一通り行っています。

研究者としてやりがいを感じる日々

私が入社 2 年目の時に，「ナノ構造」に関する研究テーマを担当することになりました。このテーマを進めていく中で，どのようにアプローチしていくかは私に任せていただいています。

しかし，実験を進めていく過程で，どうしても初め立てた仮説と合わない部分も出てきます。行き詰った時には，先輩や上司にアドバイスをいただくこともあります。その中で一番印象に残っていることは，曖昧に解釈するのではなく徹底的に考えて意味を解釈する，データのどんな細部も見落とさず考えることが，新たな発見につながるということです。

これを常に意識し，問題を解決するための自分なりの答えを見つけられた時に，やりがいを感じています。

まずは挑戦してみる，やってみるという社風

当社の魅力は「自由に提案でき挑戦させてもらえること」です。まずは挑戦してみる，やってみるという社風や風土があるように感じます。光に関しては，どんなに困難なこともできるはずだと思っています。ある程度自由度があるため，自分で考え，自分で作り，自分で評価できるのは楽しいです。

また大学時代とは違い，自分の発見や研究成果が製品となり，どのように社会貢献できているかというところまで目に見える点もモチベーションに繋がっています。

仕事をする上で大切にしていること
好奇心　人とのつながり

一つ目は好奇心です。何か面白そうなものがあったときに，まずはやらせてもらう，調べてみるという姿勢を大切にしています。

二つ目は人間関係（人とのつながり）です。どんな仕事も自分ひとりの力では成し遂げられません。様々な人と関わりを持つことを大切にしています。

【中央研究所材料センター材料研究室／2013 年入社】
各種デジタルカメラ用ソフト開発の仕事

私の部署ではデジタルカメラの開発を行っています。当社製カメラはライフサイエンス分野（細胞の蛍光イメージング，超微弱光検出等）や，科学計測用途，産業用 FA 用途，等で幅広く使用されています。

その中で，私は DCAM-API (Digital CAMera Application Programming Interface) と呼ばれるソフト開発を行っています。DCAM とは，浜松ホトニクス製デジタルカメラをサポートするドライバソフトウエアで，カメラとアプリケーションを繋げるドライバのような役割を持つソフトとなります。DCAM に対応するアプリケーションソフトであれば，カメラやインターフェースを変更したとしても，そのままの使用環境でカメラを動かすことが出来ます。

形のある製品ではないので目立ちはしませんが，DCAM 開発はシステム事業部のカメラ全般に関わりますし，システム事業部製品を陰で支える重要な開発だと感じています。

具体的な業務内容としては，DCAM(Windows 版) の検証と DCAM(Linux 版) の対応です。Windows 版 DCAM のバージョンアップ時の不具合の有無，新たな機能が正常に動作するか否かを検証しています。また，私は配属当初から Linux 版の主担当として，お客様の要望に合わせた設計開発・評価までを行っています。

自分の知識を広げていける職場環境

プログラムを如何に書くかは一通り自分で考えて，先輩にマメに相談しています。ソフト技術を勉強するにあたっては，最新情報を入手するのに一番苦労します。基本的な内容は本で情報を得ますが，リアルタイムな情報は WEB から得ています。また英語の情報がほとんどですので，英語学習は避けては通れません。その他の情報源として，私は学生時代も情報系だったので，その時の友人との繋がりを今でも大切にしており，何かあれば気軽に情報交換をしています。

大学まではソフトしかやっていなかったので，ハードについてはあまり知識がなかったのですが，アナログ回路，デジタル回路については非常に詳しい先輩や同期がいるので，困ったときにはいつも助けていただいています。ちょっとしたことでも，直ぐに相談できるような開かれた職場になっており，色々なところで日々議論が行われています。当社には様々なバックグラウンドを持つスペシャリストが多いので，お互い足りない部分を補いながら，知識・理解を深めていくことができます。自分の専門分野を広げられる環境があることが当社の魅力だと思います。

総合コース（大学卒）

応募資格	いずれの職種も、2024年3月卒業・大学院了見込みの方 自由応募制
勤務地	本社および浜松地域
勤務時間	8:00〜16:30 勤務地により異なる、実働7時間45分 中央研究所はフレックスタイム制
初任給	初任給 基本給（2022年度実績） 博士了：253,620円　修士了：241,253円 大卒：220,695円
賞与	年2回　5.8ヶ月（2022年度実績） ※業績により業績賞与あり
諸手当	通勤手当、家族手当、住宅手当、役付手当、食事手当、残業手当　等
休日休暇	週休2日制（土、日）、年間休日121日（ゴールデンウィーク、夏季、年末年始等）、年次有給休暇（初年度13日）、メモリアル休暇、リフレッシュ休暇、慶弔休暇、特別休暇　等
福利厚生	各種社会保険、財形貯蓄、社内預金制度、従業員持株制度、独身寮、契約保養施設
教育研修	新入社員研修、事業部研修（OJT）、フォローアップ研修、社内教育

職種別コース（大学卒）

応募資格	いずれの職種も、2024年3月卒業・大学院了見込みの方 自由応募制
勤務地	本社および浜松地域
勤務時間	8:00 ～ 16:30 勤務地により異なる、実働7時間45分 中央研究所はフレックスタイム制
初任給	初任給 基本給（2022年度実績） 博士了：253,620円　修士了：241,253円 大卒：220,695円
賞与	年2回　5.8ヶ月（2022年度実績） ※業績により業績賞与あり
諸手当	通勤手当、家族手当、住宅手当、役付手当、食事手当、残業手当　等
休日休暇	週休2日制（土、日）、年間休日121日（ゴールデンウィーク、夏季、年末年始等）、年次有給休暇（初年度13日）、メモリアル休暇、リフレッシュ休暇、慶弔休暇、特別休暇　等
福利厚生	各種社会保険、財形貯蓄、社内預金制度、従業員持株制度、独身寮、契約保養施設
教育研修	新入社員研修、事業部研修（OJT）、フォローアップ研修、社内教育

✔ 採用の流れ （出典：東洋経済新報社『就職四季報』）

エントリーの時期	【総・技】1〜5月
採用プロセス	【総・技】説明会（必須，1〜5月）→適正（1〜5月）→ 面接（3回，1〜5月）→内々定（3月）

採用実績数

	大卒男	大卒女	修士男	修士女
2022年	20 （文：12 理：8）	4 （文：4 理：0）	38 （文：0 理：38）	4 （文：0 理：4）
2023年	28 （文：11 理：17）	6 （文：3 理：3）	56 （文：0 理：56）	6 （文：0 理：6）
2024年	28 （文：14 理：15）	14 （文：11 理：3）	57 （文：0 理：57）	7 （文：0 理：7）

採用実績校

【文系】
（大学）立命館大学，南山大学，同志社大学，法政大学，関西大学，名古屋外国語大学，広島大学，福島大学，高崎経済大学，高知工科大学，静岡文化芸術大学，愛知大学，中京大学

【理系】
（大学院）静岡大学，富山大学，信州大学，日本大学，名古屋工業大学，山梨大学，金沢大学，東北大学，大阪大学，群馬大学，福井大学，同志社大学，弘前大学，北海道大学，埼玉大学，東京都立大学，三重大学，金沢工業大学，山形大学，法政大学，関西大学，名古屋大学，岐阜大学，東京都市大学，新潟大学　他
（大学）静岡大学，東京都市大学，名城大学，同志社大学，東京電機大学，電気通信大学，室蘭工業大学，芝浦工業大学，奈良女子大学，信州大学，山梨大学，千葉大学，中京大学

✔2023年の重要ニュース（出典：日本経済新聞）

■浜松ホトニクス、光半導体増産へ75億円投じ工場新棟（2/24）

　浜松ホトニクスは24日、光半導体素子を製造する新貝工場（浜松市）に新棟を建設すると発表した。総工費として約75億円を投じ3月に着工、2025年3月の完成を予定する。半導体製造・検査装置や自動運転用センサー「LiDAR（ライダー）」向けの需要が伸びていることに対応。新棟稼働により同工場の生産能力を1.8倍に高める。

　新たに建てる「新貝工場3棟」は鉄骨造り4階建てで、建築面積は3823平方メートル、延べ床面積は1万3343平方メートル。光半導体素子生産のうち、ウエハー切断やチップ接着、金線接続などの組み立て工程や検査といった「後工程」を担う。生産能力は売上高換算で約300億円で、現在の新貝工場の約375億円規模から2倍近くになる。

　25年5月予定の稼働当初は他の工場棟から移管する工程を中心に従業員50人ほどで立ち上げ、新工程の導入に伴う採用も実施しながら最大100人まで増やす。並行して無人搬送車（AGV）などロボットを導入し工程の自動化や省人化を順次進める。

　光半導体素子は半導体製造・検査装置向けのイメージセンサーやLiDAR向けフォトダイオードの需要が急増。浜松ホトニクスは後工程の新貝工場のほか、ウエハー上に回路を形成する「前工程」を担う本社工場（浜松市）などにも投資し生産能力を増強する方針。32年9月期までの約10年間で光半導体事業の売上高を2倍の2000億円に増やす。

■浜松ホトニクス、レーザー金属加工向け光変調器を開発（6/22）

　浜松ホトニクスはレーザーによる金属加工向けの光学部品「空間光位相変調器」を開発した。従来製品に比べて3.5倍もの高出力レーザー光に耐えられるよう性能を高め、金属の溶接や切断などができるようにした。27～30日にドイツで開かれる世界最大級のレーザー展示会に出展。12月から国内外の金属3D（3次元）プリンターやレーザー加工機のメーカーに販売する。

　空間光位相変調器はレーザーの照射パターンを自由に制御できる光学部品。液晶の傾きを制御することで入射するレーザーの位相差が生じ、例えば線状や円環状、点状など多彩なパターンで照射できる。レーザーを多点分岐させるため、出

力が高くないと加工には向かない。同社の従来製品の耐光性能は 200 ワットで、ガラス材や半導体ウエハーには使えても金属は難しかった。

このほど開発した「X15213-03CL」は耐光性能を 700 ワットと、従来の 3.5 倍に高めた。高出力のレーザーが入射しても液晶層の温度上昇を抑え、性能低下を防ぐ。レーザーが入射する液晶層を覆うカバーガラスについて熱伝導率が従来比約 30 倍のサファイアを使い、熱伝導率の高い充填剤も封入したことで放熱性能を引き上げ実現した。

浜松ホトニクスによれば同等以上の耐光性能を持つ競合製品はなく、世界最高クラスという。金属 3D プリンターでの航空機や自動車向けの部品の成型、レーザー加工機での複雑な形状の金属部材の溶接・切断に使い作業効率を高められるとしてメーカーに売り込む。価格は 330 万円で、初年度は年 10 台、3 年後には同 100 台の販売を目指す。

■浜松ホトニクス、新横浜駅周辺に IT 開発拠点を新設（9/27）

浜松ホトニクスは 27 日、横浜市の新横浜駅そばにソフトウエア開発の拠点「横浜 IT 開発室」を新設すると発表した。10 月 2 日に稼働する。光センサーとソフトを組み合わせた画像計測機器の事業拡大に向け、首都圏の拠点を拡充する。IT（情報技術）人材の採用の強化にもつなげる。

横浜 IT 開発室は画像計測機器を手掛けるシステム事業部に所属する。場所は新横浜駅から徒歩約 5 分のオフィスビル内で、面積は約 220 平方メートル。収容人員は約 30 人。同駅には東海道新幹線や JR 線、地下鉄が乗り入れ、3 月には相鉄・東急新横浜線で東京都心や神奈川県内の各所と直結し、交通利便性が高い。

同社は国内では、浜松市周辺に事業拠点を集中してきた。新拠点の開設で首都圏を含めた広域での人材獲得や育成につなげる考え。画像計測機器の性能を高められる画像処理・データ解析ソフトのほか、人工知能（AI）やクラウド機能を持つソフトを開発し、付加価値の高い製品・サービスの創出を目指す。

✔2022年の重要ニュース（出典：日本経済新聞）

■過去最大の設備投資　車の変革期に商機（1/19）

　浜松ホトニクスは、2024年9月期までの3年間で800億円以上を設備投資に振り向ける。直近3年間の実績に比べて6割増え、過去最大の規模となる。昼馬明社長は日本経済新聞の取材に応じ、電動化や自動運転など自動車の技術革新を追い風に光関連部品の需要が伸びると強調。これらの分野に重点的に投資する方針を示した。

　車業界は電動化や自動運転など「100年に1度の大変革期」に直面している。異業種も交えた開発投資が熱を帯びるなか、光関連部品などで新たな商機も広がってきた。

　浜ホトは今後3年で設備投資に計815億円を投じる。単年度の投資で最も多かったのは20年9月期の203億円だった。昼馬社長は重点的に設備投資する分野として、電気自動車（EV）向けでバッテリーの非破壊検査装置に組み込む「マイクロフォーカスX線源」や、自動運転向けでレーザー光を反射させて対象物までの距離を正確に測れる「LiDAR（ライダー）」用光源・センサーなどを挙げた。

　3年間の設備投資は常光製作所（浜松市）、子会社の光素（静岡県磐田市）、豊岡製作所（同）の新工場棟建設の投資などを織り込む。新棟の建屋（341億円）以外に、生産設備の導入・増強や設備更新の費用も含む。そのうち総工費（建屋のみ）で約93億円を投じる豊岡は、印刷・殺菌に使われる電子線照射源の生産などを既存棟から集約する一方、既存棟に生じる空きスペースでマイクロフォーカスX線源などを増産する。

■浜松ホトニクス、ウクライナ支援で5000万円寄付（3/18）

　浜松ホトニクスは18日、ロシアの侵攻を受けているウクライナとその周辺地域の人道支援のため、5000万円を寄付すると発表した。寄付金はウクライナなどにおける避難民の保護、救護活動などの人道支援活動に使われる予定という。「この深刻な事態が一刻も早く解決し、世界に平和が戻ることを心より願う」とコメントした。

■浜松ホトニクス新社長に丸野氏　2トップで世界戦略加速（9/26）

　浜松ホトニクスは26日、丸野正代表取締役専務執行役員（61）が12月中旬予定の定時株主総会で社長に昇格すると発表した。代表権のある会長に就く昼馬

明社長（65）との新たな 2 トップ体制で、光技術を活用した製品の付加価値向上やイノベーションにグローバルに取り組む。

　丸野氏は光センサーと画像や計測の技術を融合し半導体やバイオなどの分野に応用する「システム事業部」の出身。従来は光源やセンサーといった部品を製造する事業部が主流だったが、今後は部品供給だけでなく「センサーや光源を使ってモジュールを作るのにシステム的な知識、能力が重要になってくる」（昼馬氏）と判断し、丸野氏を新社長に選んだという。

　丸野氏が長らく米国や欧州を中心に顧客や現地法人との間に信頼関係を築いてきたことも決め手になった。6 月に発表したデンマークのレーザー装置メーカー・NKT フォトニクスの買収も丸野氏が主導。今後は各事業部や買収先をつないで「連携してシナジーを生む新しい浜松ホトニクスのスタイルをつくりたい」（丸野氏）とする。

　昼馬氏は引き続き対外的な公務を担うほか、顧客の潜在需要を先回りしてとらえるスタートアップの発掘や投資に力を入れる考え。コアビジネスを担う丸野氏と役割を分ける新体制で、2022 年 9 月期に過去最高益を見込む業績のさらなる拡大に挑む。

■ 3 年で 1000 億円超投資　中期計画発表（11/15）

　浜松ホトニクスは 15 日、2025 年 9 月期までの中期経営計画を発表した。3 年間で総額 1000 億円を超える設備投資を柱とする。半導体製造や医療など既存市場の成長に加え、電気自動車（EV）用電池の検査向けや自動運転に必要な高性能センサー向けに光技術を活用した部品の需要が拡大。工場棟増設や生産設備の導入、更新で対応する。

　設備投資額は中期計画の初年度にあたる 23 年 9 月期が 401 億円で、24 年 9 月期が 412 億円と最も多く、25 年 9 月期は 276 億円を予定する。3 カ年の累計額は 1089 億円。浜ホトは世界的な半導体不足から製造装置向けの部品が伸びるなどで、生産増強を急いでいる。設備投資の増加に伴い減価償却費も各年 160 億〜 223 億円と高水準になる。

　25 年 9 月期の連結業績は売上高で 22 年 9 月期比 27% 増の 2660 億円、営業利益で 12% 増の 639 億円、純利益で 12% 増の 463 億円を見込む。年平均成長率（CAGR）は 8.4%。成長著しい EV 用リチウムイオン電池の非破壊検査向けマイクロフォーカス X 線源や、自動運転車のセンサー「LiDAR（ライダー）」向け光検出器を伸ばす。

✔2021年の重要ニュース（出典：日本経済新聞）

■レーザー熱処理ロボ　様々な形やサイズに対応（2/24）

浜松ホトニクスは、ロボットシステム構築の豊電子工業（愛知県刈谷市）と連携し、鉄鋼材料の表面をレーザーで熱処理するロボットシステムを開発した。様々な形やサイズの材料に使える。電磁誘導の仕組みを使って加熱する従来手法より高精度に熱処理できるほか、工程の簡略化などでコストを抑えられる。

「表面焼き入れ」と呼ぶ熱処理向け。鉄鋼材料の表面を加熱した後に冷やすことで材料の硬度や疲労への強度を高められる。輸送機器や産業機械の鉄鋼部品などで使う。

半導体に電気を流してレーザーを出す技術を活用する。新たな電源回路の採用でレーザーの照射時間を任意にきめ細かく設定できる。複雑な動きができる多関節ロボットと組み合わせることで様々な形やサイズの材料に使える。狭い範囲に光を集められるレーザーで高精度に熱処理できる。

開発品は、産学官でレーザー加工の研究開発を進める一環として東京大学柏キャンパス（千葉県柏市）内に置いた。実証実験を進め、応用分野の開発や低コスト化を進める。豊電子工業が年内にも一般企業へ販売をめざす。熱処理現場での普及を狙う。

■次世代ディスプレー検査装置　高速処理に強み（3/3）

浜松ホトニクスは3日、次世代ディスプレーとして期待される「マイクロLED」の検査装置に参入すると発表した。同ディスプレーは微細な発光ダイオード(LED)を敷き詰めて画像を表示する。浜ホトの検査装置はLEDの外観や明るさ、色の異常を1度に高速で検査できる。価格は税別1億円。LEDやディスプレーのメーカーに売り込む。

製品名は「MiNY（マイニー）PL　マイクロLED PL検査装置　C15740-01」。物質に光をあててエネルギーを帯びた状態から元に戻る時に生じる光を調べ、物質の特性を評価する手法を採り入れた。10センチ角に形成された数百万個のLEDの検査を20分でできる。針で1つ1つのLEDを調べる従来手法では半年程度かかるという。

マイクロLEDの不良を短時間で判定することで研究開発を効率化できる。将来の量産ラインで効率的な全数検査も可能になるとしている。浜ホトは韓国や中国、台湾の現地法人と連携し、アジア地域を中心に受注獲得をめざす。

浜ホト、豊岡製作所に新棟　電子管生産を増強（5/17）

　浜松ホトニクスは 17 日、センサーや光源に使われる電子管の生産を増強すると発表した。豊岡製作所（静岡県磐田市）に総工費 93 億円を投じて新工場棟を23 年に建て、印刷・殺菌に使われる電子線照射源の生産などを既存棟から集約。既存棟の空きスペースでは電気自動車（EV）用電池などに使う非破壊検査装置部品などを増産する。

　新棟は 19 日に着工し、23 年 2 月の稼働を予定する。地上 4 階建て。延べ床面積は約 2 万 4000 平方メートルで、同社の工場棟では最大だ。検査装置やカメラに搭載し、電子を増福して検出しやすくする部材の生産も集約する。空港での爆発物検査装置向けも今後投入する予定で、生産を拡大する。新棟は空きスペースもあり、今後需要の急拡大が見込まれる電子管の生産に備える。

　既存棟の空きスペースでは非破壊検査装置部品のほか、歯科やマンモグラフィー（乳房 X 線撮影）などで使う医療用 X 線装置の部品を手掛けて増産につなげる。新棟の建設で電子管事業の成長に弾みをつけ、同事業の 25 年 9 月期の売上高は、20 年 9 月期比で 3 割増の 700 億円程度をめざす。

浜ホト、新たな光検出器　短い時間間隔で分析（9/28）

　浜松ホトニクスは 28 日、従来は不可能だった極めて短い時間間隔で、燃焼といった化学反応などを分析できる光検出器「量子カスケード光検出器 P16309-01」を 10 月 1 日に発売すると発表した。エンジンの燃焼効率を高める研究などに使えるとみている。価格は 49 万 5000 円。3 年後に年 1000 台の販売をめざす。

　光の波長が 4.6 マイクロ（マイクロは 100 万分の 1）メートルの「中赤外光」を高い感度で検出できる。二酸化炭素（CO_2）の有無や量から燃焼などの化学反応を分析できる。中赤外光は大気に吸収されにくいことから、高速大容量の空間通信や長距離向け高性能センサー「LiDAR（ライダー）」などへの応用も期待される。

　信号を検出できる回数は 1 秒間に 200 億回で、室温で動作できる一般的な検出器に比べて 50 〜 100 倍という。従来では不可能な極めて短い時間間隔で分析できる。検出器の構造の一部に量子技術などを活用して実現した。大型の冷凍機器や外部電源が不要で、検出器のサイズは角砂糖大の 8 立方センチメートルと小型にできた。

✔ 就活生情報

秋からインターンシップや若手社員懇談会などが
あって、そこで収集した情報は、そのまま選考に役
立ちます

総合職 2021卒

エントリーシート

・形式：指定の用紙に手で記入
・内容：志望動機，長所や特徴・学生時代に取り組んだことなど，得意科目（学
部生）/研究内容（院生），趣味・特技，自由記入

セミナー

・筆記試験や面接などが同時に実施される，選考と関係のあるもの
・服装：リクルートスーツ
・内容：製品紹介，働き方，求める人物像など，若手社員の話の際に質問する
機会がある

筆記試験

・形式：Webテスト
・科目：数学，算数/国語，漢字/性格テスト/一般教養・知識
・内容：一次選考後に適性検査(GAB)，二次選考後に適性検査(TAL)

面接（個人・集団）

・雰囲気：和やか
・回数：3回
・質問内容：一次面接は興味のある製品，やりたいこと，二次面接以降のアド
バイスがある。二次面接は志望動機，会社に興味を持った理由，学生時代に
頑張ったこと，やりたい仕事，エントリーシートの内容について質問。最終面
接は何をやりたいか，エントリーシートの内容について質問，自分の研究が社
会でどのように役に立つか

内定

・拘束や指示：内々定の連絡後1週間以内に推薦書を提出（事前に知らされる）
・通知方法：電話

業務内容をかなり詳しく教えてもらうことができるので，志望度が固まりやすいです

職種別採用 2020卒

エントリーシート

・形式：サイトからダウンロードした用紙に手で記入

・内容：所定の履歴書には志望動機など一般的な内容の欄がある。それとは別に1次選考の際に会場でエントリーシートのようなアンケートを書く。準備ができるならしておいたほうがよい

セミナー

・筆記や面接などが同時に実施される選考と関係のあるものだった

・服装：リクルートスーツ

筆記試験

・形式：Webテスト

・科目：数学，算数／国語，漢字／性格テスト

・内容：1次面接中は心理テスト。1次選考後に適性検査(GAB)，二次選考後に適性検査(TAL)

面接（個人・集団）

・回数：3回

・質問内容：1次面接は専門性と応募職種のマッチング，志望度。2次面接は企業選びの軸，志望動機，研究内容，入社後のイメージ，志望度。最終面接は志望動機，入社後のイメージ，志望度

内定

・拘束や指示：最終選考結果通知後1週間以内に推薦書を提出（説明会の際に説明される）

・通知方法：電話

▶ その他受験者からのアドバイス

・筆記対策は早めにしたほうがよい。問題集を解くだけでなく，模擬テストなどを受けて慣れておくとよい。筆記試験や面接は慣れの部分もあるので，色々な企業を受けて経験を積むとよい

就活の軸も改めて聞かれる。その軸から，なぜここが第一志望なのか詳しく聞かれるので，そこで製品への興味をいかに示せるかが重要

総合職 2019卒

エントリーシート

・内容：浜松ホトニクスで興味を持った点。箇条書き。自分の長所や特徴，学生時代に取組んだこと。困難だったこととその乗り越え方。他社選考状況

セミナー

・内容：事務系総合職説明会・一次選考会。面接時間は，計4時間（説明会は2時間午後に選考2時間程度）。普通の企業説明会

筆記試験

・形式：Webテスト
・実施場所は自宅，面接時間は30分，形式は玉手箱

面接（個人・集団）

・質問内容：自分の長所と短所を1分以内でスピーチ。そこから履歴書，エントリーシートに沿って質問。深堀はされない。ゼミについて少し聞かれた，またTOEICの点数について少し聞かれ，希望職種の話へ。最後に他社状況について少し話して終了

内定

・拘束や指示：承諾検討期間は，5日間
・タイミング：内定時期は，即日

▶ その他受験者からのアドバイス

・論理的に，話すエピソードや内容に根拠が伴っていることを常に意識した。また，製品や事業に対する興味について語れるように準備した。逆質問でも，自分の能力と会社の特徴やシステム，展望を絡めた質問をぶつけることを意識した。

総合職 2015卒

エントリーシート
・形式：ダウンロードして，プリントアウトして手書きで記入する形式
・内容：「志望理由」，「学生時代の取り組み」，「研究内容」，「趣味特技」

セミナー
・選考と関係のあるものだった
・服装：リクルートスーツ
・内容：会社説明会。その後，エントリー記入，性格検査，面接があった

筆記試験
・形式：Webテスト
・科目：数学，算数／国語，漢字／性格テスト。内容はGAB，TAL

面接（個人・集団）
・回数：3回
・質問内容：会社を知ったきっかけ，研究内容，志望度，研究内容（かなり深く），学校生活，成績，入社してやりたいこと，雑談，逆質問，など

内定
・拘束や指示：一週間以内に推薦書を提出するよう指示された
・通知方法：電話

職種別採用 2014卒

セミナー

・筆記や面接などが同時に実施される，選考と関係のあるものだった
・服装：リクルートスーツ
・内容：企業説明，社員の方の講演，各事業所の説明，どのような人材を求めているのか，採用予定人数など。企業のイメージと採用の流れのイメージがつかみやすかった

筆記試験

・形式：Webテスト
・科目：英語/数学，算数/国語，漢字/性格テスト。内容はGABだったような気がする。最終面接前にTALをやった

面接（個人・集団）

・雰囲気：和やか
・回数：3回
・質問内容：一次面接のみ時間は5分で，残りはすべて20～30分程度だった。質問内容は主に研究内容と，今後何をしていきたいかについてだった

多くの企業を見ることで業界の動向がわかり，エントリーシートで的を射た内容を書くことができます。就活は先手必勝です。人が動く前に行動を

総合職 2013卒

エントリーシート

・形式：ダウンロードして，プリントアウトして手書き。筆記試験の前に記入
・内容：志望動機，自分の強み，趣味，やりたいこと，得意科目，研究内容，熱中したこと，挫折したこと，この会社の魅力　など

セミナー

・選考とは無関係
・服装：リクルートスーツ
・内容：業界説明，企業紹介。若手社員懇談会は日経ナビ主催で1回のみ実施。人事担当者に会えるチャンスでもあるので是非参加すべき。会社説明会は筆記試験とセットで参加は必須。内容はセミナーとほぼ同じ

筆記試験

・科目：数学，算数／国語，漢字／論作文／性格テスト。マークシート／作文／Webテストで実施された。マークシートはGAB（図表読み取り，読解理解，性格診断），エゴグラム。一次面接後にWebテストを受験。形式はTAL

面接（個人・集団）

・雰囲気：和やか　回数：2回
・質問内容：成績について，入社してやりたいこと，研究の説明，一番頑張ったこと，苦しかったこと・挫折したこととその解決方法，志望動機，など

内定

・拘束や指示：最終面接合格通知後1週間以内に入社の意思表明が必要
・通知方法：電話

● その他受験者からのアドバイス

・メーカー志望者は希望職種に対して，希望理由，その職種で働くとはどういうことか，その職種で大切な事は何かを考えておいてください
・自己分析は自分ではしっかりやったつもりでも意外とできていないもの。また就職活動の軸をしっかりと決めることも重要

技術採用 2013卒

エントリーシート

・形式：ダウンロードして，プリントアウトして手書きで記入

セミナー

・筆記や面接などが同時に実施される，選考と関係のあるものだった
・服装：リクルートスーツ
・内容：業界説明，企業紹介，技術系社員の方の仕事紹介，質疑応答など。合同説明会は人事担当者の説明が主だったが，セミナーではそれに加えて技術系社員の方のお話があった

筆記試験

・形式：記述式
・科目：数学，算数/国語，漢字/論作文/性格テスト。記述式で実施された。
・グラフの読み取り問題の時間が足りず，後半はほとんどできなかった。小論文は論理的文章になるように心がけたが，内容はかなり適当だった

面接（個人・集団）

・雰囲気：和やか
・回数：2回
・質問内容：就職活動状況，入社後やりたいこと，学生時代の取り組みについて深掘り，自己PRについて，大学での研究について，筆記などで受けた性格診断に関する質問，志望動機，志望順位，性格診断に関して，など

技術系（職種別）2013卒

エントリーシート

・形式：ダウンロードして，プリントアウトして手書きで記入

セミナー

・内容：説明会兼一次選考会に履歴書を持参。さらに説明会会場では，困難な状況に直面した経験とその対処法およびその結果や，一般職，職種別または事業別採用で応募するかを記入

筆記試験

・科目：数学，算数／国語，漢字／論作文／性格テスト。マークシート／作文で実施された。マークシートはGAB形式。論作文のテーマは「情報端末の技術発展がなかったら他にどんな技術が発展していたか」，時間は30分。性格テストも含めると2時間以上かかったと思う

面接（個人・集団）

・雰囲気：和やか
・回数：2回
・質問内容：志望動機や学生時代に頑張ったことを主に聞かれた。特に志望動機は熱く語ることができるよう詰めておくべき。また，性格テストの結果からどんな人物かを探られた

✔ 有価証券報告書の読み方

01 部分的に読み解くことからスタートしよう

「有価証券報告書（以下，有報）」という名前を聞いたことがある人も少なくはないだろう。しかし，実際に中身を見たことがある人は決して多くはないのではないだろうか。有報とは上場企業が年に1度作成する，企業内容に関する開示資料のことをいう。開示項目には決算情報や事業内容について，従業員の状況等について記載されており，誰でも自由に見ることができる。

　一般的に有報は，証券会社や銀行の職員，または投資家などがこれを読み込み，その後の戦略を立てるのに活用しているイメージだろう。その認識は間違いではないが，だからといって就活に役に立たないというわけではない。就活を有利に進める上で，お得な情報がふんだんに含まれているのだ。ではどの部分が役に立つのか，実際に解説していく。

■有価証券報告書の開示内容
では実際に，有報の開示内容を見てみよう。

有価証券報告書の開示内容
第一部【企業情報】
第1　【企業の概況】
第2　【事業の状況】
第3　【設備の状況】
第4　【提出会社の状況】
第5　【経理の状況】
第6　【提出会社の株式事務の概要】
第7　【提出会社の状参考情報】
第二部【提出会社の保証会社等の情報】
第1　【保証会社情報】
第2　【保証会社以外の会社の情報】
第3　【指数等の情報】

有報は記載項目が統一されているため，どの会社に関しても同じ内容で書かれている。このうち就活において必要な情報が記載されているのは，第一部の第1【企業の概況】〜第5【経理の状況】まで，それ以降は無視してしまってかまわない。

02 企業の概況の注目ポイント

第1【企業の概況】には役立つ情報が満載。そんな中，最初に注目したいのは，冒頭に記載されている【主要な経営指標等の推移】の表だ。

回次		第25期	第26期	第27期	第28期	第29期
決算年月		平成24年3月	平成25年3月	平成26年3月	平成27年3月	平成28年3月
営業収益	（百万円）	2,532,173	2,671,822	2,702,916	2,756,165	2,867,199
経常利益	（百万円）	272,182	317,487	332,518	361,977	428,902
親会社株主に帰属する当期純利益	（百万円）	108,737	175,384	199,939	180,397	245,309
包括利益	（百万円）	109,304	197,739	214,632	229,292	217,419
純資産額	（百万円）	1,890,633	2,048,192	2,199,357	2,304,976	2,462,537
総資産額	（百万円）	7,060,409	7,223,204	7,428,303	7,605,690	7,789,762
1株当たり純資産額	（円）	4,738.51	5,135.76	5,529.40	5,818.19	6,232.40
1株当たり当期純利益	（円）	274.89	443.70	506.77	458.95	625.82
潜在株式調整後1株当たり当期純利益	（円）	—	—	—	—	—
自己資本比率	（%）	26.5	28.1	29.4	30.1	31.4
自己資本利益率	（%）	5.9	9.0	9.5	8.1	10.4
株価収益率	（倍）	19.0	17.4	15.0	21.0	15.5
営業活動によるキャッシュ・フロー	（百万円）	558,650	588,529	562,763	622,762	673,109
投資活動によるキャッシュ・フロー	（百万円）	△370,684	△465,951	△474,697	△476,844	△499,575
財務活動によるキャッシュ・フロー	（百万円）	△152,428	△101,151	△91,367	△86,636	△110,265
現金及び現金同等物の期末残高	（百万円）	167,525	189,262	186,057	245,170	307,809
従業員数〔ほか、臨時従業員数〕	（人）	71,729 〔27,746〕	73,017 〔27,312〕	73,551 〔27,736〕	73,329 〔27,313〕	73,053 〔26,147〕

見慣れない単語が続くが，そう難しく考える必要はない。特に注意してほしいのが，**営業収益**，**経常利益**の二つ。営業収益とはいわゆる**総売上額**のことであり，これが企業の本業を指す。その営業収益から営業費用（営業費（販売費＋一般管理費）＋売上原価）を差し引いたものが**営業利益**となる。会社の業種はなんであれ，モノを顧客に販売した合計値が営業収益であり，その営業収益から人件費や家賃，広告宣伝費などを差し引いたものが営業利益と覚えておこう。対して経常利益は営業利益から本業以外の損益を差し引いたもの。いわゆる金利による収益や不動産収入などがこれにあたり，本業以外でその会社がどの程度の力をもっているかをはかる絶好の指標となる。

■会社のアウトラインを知れる情報が続く。

　この主要な経営指標の推移の表につづいて、「会社の沿革」、「事業の内容」、「関係会社の状況」「従業員の状況」などが記載されている。自分が試験を受ける企業のことを，より深く知っておくにこしたことはない。会社がどのように発展してきたのか，主としている事業はどのようなものがあるのか，従業員数や平均年齢はどれくらいなのか，志望動機などを作成する際に役立ててほしい。

03 事業の状況の注目ポイント

　第2となる【事業の状況】において，最重要となるのは**業績等の概要**といえる。ここでは1年間における収益の増減の理由が文章で記載されている。「○○という商品が好調に推移したため，売上高は△△になりました」といった情報が，比較的易しい文章で書かれている。もちろん，損失が出た場合に関しても包み隠さず記載してあるので，その会社の1年間の動向を知るための格好の資料となる。

　また，業績については各事業ごとに細かく別れて記載してある。例えば鉄道会社ならば，①運輸業，②駅スペース活用事業，③ショッピング・オフィス事業，④その他といった具合だ。**どのサービス・商品がどの程度の売上を出したのか**，会社の持つ展望として，今後**どの事業をより活性化**していくつもりなのか，などを意識しながら読み進めるとよいだろう。

■「対処すべき課題」と「事業等のリスク」

　業績等の概要と同様に重要となるのが，「**対処すべき課題**」と「**事業等のリスク**」の2項目といえる。ここで読み解きたいのは，その会社の**今後の伸びしろ**について。いま，会社はどのような状況にあって，どのような課題を抱えているのか。また，その課題に対して取られている対策の具体的な内容などから経営方針などを読み解くことができる。リスクに関しては法改正や安全面，他の企業の参入状況など，会社にとって決してプラスとは言えない情報もつつみ隠さず記載してある。客観的にその会社を再評価する意味でも，ぜひ目を通していただきたい。

　次代を担う就活生にとって，ここの情報はアピールポイントとして組み立てやすい。「新事業の○○の発展に際して……」，「御社が抱える●●というリスクに対して……」などという発言を面接時にできれば，面接官の心証も変わってくるはずだ。

　最後に注目したいのが，第5【経理の状況】だ。ここでは，簡単にいえば【主要な経営指標等の推移】の表をより細分化した表が多く記載されている。ここの情報をすべて理解するのは，簿記の知識がないと難しい。しかし，そういった知識があまりなくても，読み解ける情報は数多くある。例えば**損益計算書**などがそれに当たる。

連結損益計算書

（単位：百万円）

	前連結会計年度 （自 平成26年4月1日 至 平成27年3月31日）	当連結会計年度 （自 平成27年4月1日 至 平成28年3月31日）
営業収益	2,756,165	2,867,199
営業費		
運輸業等営業費及び売上原価	1,806,181	1,841,025
販売費及び一般管理費	※1 522,462	※1 538,352
営業費合計	2,328,643	2,379,378
営業利益	427,521	487,821
営業外収益		
受取利息	152	214
受取配当金	3,602	3,703
物品売却益	1,438	998
受取保険金及び配当金	8,203	10,067
持分法による投資利益	3,134	2,565
雑収入	4,326	4,067
営業外収益合計	20,858	21,616
営業外費用		
支払利息	81,961	76,332
物品売却損	350	294
雑支出	4,090	3,908
営業外費用合計	86,403	80,535
経常利益	361,977	428,902
特別利益		
固定資産売却益	※4 1,211	※4 838
工事負担金等受入額	※5 59,205	※5 24,487
投資有価証券売却益	1,269	4,473
その他	5,016	6,921
特別利益合計	66,703	36,721
特別損失		
固定資産売却損	※6 2,088	※6 1,102
固定資産除却損	※7 3,957	※7 5,105
工事負担金等圧縮額	※8 54,253	※8 18,346
減損損失	※9 12,738	※9 12,297
耐震補強重点対策関連費用	8,906	10,288
災害損失引当金繰入額	1,306	25,085
その他	30,128	8,537
特別損失合計	113,379	80,763
税金等調整前当期純利益	315,300	384,860
法人税、住民税及び事業税	107,540	128,972
法人税等調整額	26,202	9,326
法人税等合計	133,742	138,298
当期純利益	181,558	246,561
非支配株主に帰属する当期純利益	1,160	1,251
親会社株主に帰属する当期純利益	180,397	245,309

　主要な経営指標等の推移で記載されていた**経常利益**の算出する上で必要な営業外収益などについて，詳細に記載されているので，一度目を通しておこう。
　いよいよ次ページからは実際の有報が記載されている。ここで得た情報をもとに有報を確実に読み解き，就職活動を有利に進めよう。

※抜粋

企業の概況

1 主要な経営指標等の推移

(1) 連結経営指標等

回次		第71期	第72期	第73期	第74期	第75期
決算年月		2018年9月	2019年9月	2020年9月	2021年9月	2022年9月
売上高	(百万円)	144,338	145,912	140,251	169,026	208,803
経常利益	(百万円)	28,088	26,277	22,692	34,648	58,879
親会社株主に帰属する当期純利益	(百万円)	21,222	19,918	16,523	25,053	41,295
包括利益	(百万円)	21,763	15,882	15,904	30,198	53,579
純資産額	(百万円)	193,985	203,647	213,515	237,570	281,904
総資産額	(百万円)	244,914	259,694	271,615	301,676	366,177
1株当たり純資産額	(円)	1,248.84	1,311.11	1,373.79	1,527.65	1,811.98
1株当たり当期純利益	(円)	136.50	128.67	106.73	161.82	266.70
潜在株式調整後1株当たり当期純利益	(円)	－	－	－	－	－
自己資本比率	(%)	78.9	78.2	78.3	78.4	76.6
自己資本利益率	(%)	11.2	10.1	8.0	11.2	16.0
株価収益率	(倍)	33.2	31.2	49.6	42.9	23.2
営業活動によるキャッシュ・フロー	(百万円)	23,579	30,875	23,321	39,913	45,126
投資活動によるキャッシュ・フロー	(百万円)	△8,880	△16,086	△16,215	△16,778	△13,331
財務活動によるキャッシュ・フロー	(百万円)	△16,323	△6,681	△6,508	△4,475	△7,759
現金及び現金同等物の期末残高	(百万円)	61,824	68,521	68,773	90,008	123,065
従業員数	(名)	4,878	5,035	5,195	5,279	5,491

(注) 1 従業員数については，就業人員数を記載しております。

2 潜在株式調整後1株当たり当期純利益は，潜在株式が存在しないため記載しておりません。

3 「収益認識に関する会計基準」（企業会計基準第29号 2020年3月31日）等を当連結会計年度の期首から適用しており，当連結会計年度に係る主要な経営指標等については，当該会計基準等を適用した後の指標等となっております。

(point) **主要な経営指標等の推移**

数年分の経営指標の推移がコンパクトにまとめられている。見るべき箇所は連結の売上，利益，株主資本比率の3つ。売上と利益は順調に右肩上がりに伸びているか，逆に利益で赤字が続いていたりしないかをチェックする。株主資本比率が高いとリーマンショックなど景気が悪化したときなどでも経営が傾かないという安心感がある。

（2） 提出会社の経営指標等 ···

回次		第71期	第72期	第73期	第74期	第75期
決算年月		2018年9月	2019年9月	2020年9月	2021年9月	2022年9月
売上高	（百万円）	116,323	119,763	115,586	134,192	165,215
経常利益	（百万円）	21,323	21,771	17,761	24,059	43,545
当期純利益	（百万円）	16,792	17,326	13,519	18,027	31,827
資本金	（百万円）	34,928	34,928	34,964	35,008	35,048
発行済株式総数	（株）	165,011,568	165,011,568	165,027,259	165,041,841	165,052,729
純資産額	（百万円）	159,245	169,569	176,954	189,314	211,370
総資産額	（百万円）	200,298	213,697	223,685	237,875	273,093
1株当たり純資産額	（円）	1,026.95	1,093.53	1,141.04	1,220.62	1,362.74
1株当たり配当額 （うち1株当たり 中間配当額)	（円）	37.00 (17.00)	40.00 (20.00)	40.00 (20.00)	48.00 (20.00)	72.00 (32.00)
1株当たり当期純利益	（円）	107.82	111.74	87.18	116.24	205.20
潜在株式調整後1株当たり 当期純利益	（円）	－	－	－	－	－
自己資本比率	（%）	79.5	79.4	79.1	79.6	77.4
自己資本利益率	（%）	10.6	10.5	7.8	9.8	15.9
株価収益率	（倍）	42.0	35.9	60.7	59.7	30.2
配当性向	（%）	34.3	35.8	45.9	41.3	35.1
従業員数	（名）	3,470	3,571	3,677	3,766	3,884
株主総利回り （比較指標：配当込み TOPIX)	（%）	134.2 (110.8)	120.2 (99.4)	159.0 (104.2)	209.0 (132.9)	189.3 (123.4)
最高株価	（円）	5,070	4,560	5,450	7,320	7,500
最低株価	（円）	3,435	3,390	3,315	4,985	5,190

（注） 1　従業員数については，就業人員数を記載しております。

2　潜在株式調整後1株当たり当期純利益は，潜在株式が存在しないため記載しておりません。

3　最高株価及び最低株価は，2022年4月4日より東京証券取引所プライム市場におけるものであり，それ以前は東京証券取引所市場第一部におけるものであります。

4　「収益認識に関する会計基準」（企業会計基準第29号　2020年3月31日）等を当事業年度の期首から適用しており，当事業年度に係る主要な経営指標等については，当該会計基準等を適用した後の指標等となっております。

(point) 売上高は回復傾向だが利益率の向上が課題に

平成21年9月期は世界的な不況で販売が振るわず，業績が落ち込んだ。一方で，平成23年9月期は中国に販売子会社を作るなどアジア地域にも営業を注力した結果，新興国向けの需要が大きく増加し，増収・増益となった。この5年間で売上高は回復傾向にあるが，利益ベースでは減少しており，利益率を高めていくことが課題だ。

1948年9月	・堀内平八郎が，電子管の製造・販売を事業目的として，東海電子研究所を静岡県浜松市海老塚（現静岡県浜松市中区海老塚）に設立
1953年9月	・東海電子研究所の業容の拡大に対応するため，浜松テレビ株式会社（資本金50万円）を浜松市海老塚（現浜松市中区海老塚）に設立，東海電子研究所の業務をそのまま引継ぐ
1961年12月	・東京都港区に事務所を新設（現東京営業所）
1964年10月	・浜松市市野町（現浜松市東区市野町）に工場新設（現本社工場）
1966年7月	・ニューヨーク市に駐在員事務所を新設（現ハママツ・コーポレーション連結子会社）
1967年12月	・浜松市市野町（現浜松市東区市野町）へ本社を移転
1973年7月	・静岡県磐田郡豊岡村（現磐田市）に工場新設（現豊岡製作所）独国にハママツ・テレビジョン・ヨーロッパ・ゲー・エム・ベー・ハー設立（現ハママツ・ホトニクス・ドイチュラント・ゲー・エム・ベー・ハー 連結子会社）
1978年12月	・事業目的に医療機器等の研究，試作，製造及び販売を追加
1979年4月	・大阪市東区（現中央区）に大阪営業所を新設
1981年6月	・浜松市天王町（現浜松市東区天王町）に工場新設（現天王製作所）
1983年1月	・浜松市常光町（現浜松市東区常光町）に工場新設（現常光製作所）
1983年4月	・浜松テレビ株式会社を浜松ホトニクス株式会社に社名変更
1983年6月	・米国にホトニクス・マネージメント・コーポ（現連結子会社）設立
1984年8月	・株式店頭登録（日本証券業協会）
1985年1月	・浜松市砂山町（現浜松市中区砂山町）に本社事務所新設
1985年4月	・茨城県つくば市に筑波研究所新設
1985年7月	・仏国にハママツ・ホトニクス・フランス・エス・ア・エール・エル（現連結子会社）設立
1988年3月	・英国にハママツ・ホトニクス・ユー・ケイ・リミテッド（現連結子会社）設立
1990年2月	・静岡県浜北市（現浜松市浜北区）に中央研究所新設
1991年6月	・コーア電子工業株式会社の営業全部を譲受ける
1994年7月	・浜松市新都田（現浜松市北区新都田）に都田製作所新設
1996年7月	・株式を東京証券取引所市場第二部に上場
1998年3月	・東京証券取引所の市場第一部銘柄に指定
2008年10月	・浜松市西区に産業開発研究所を開設
2011年8月	・中国に浜松光子学商貿（中国）有限公司（現連結子会社）設立

(point) 沿革

どのように創業したかという経緯から現在までの会社の歴史を年表で知ることができる。過去に行った重要なM&Aなどがいつ行われたのか，ブランド名はいつから使われているのか，いつ頃から海外進出を始めたのか，など確認することができて便利だ。

2020年8月	・ベルギーにホトニクス・マネージメント・ヨーロッパ・エス・アール・エル（現連結子会社）設立
2021年12月	・東京都千代田区へ東京営業所を移転
2022年4月	・東京証券取引所の市場区分の見直しにより，東京証券取引所の市場第一部からプライム市場に移行

当社グループは，浜松ホトニクス株式会社（当社），子会社22社及び関連会社4社で構成されており，光電子増倍管，イメージ機器及び光源，光半導体素子，画像処理・計測装置等の光関連製品の製造，販売を主な事業とし，かつ，これらに付帯する事業を営んでおります。

当社グループの事業に係る位置づけは次のとおりであります。

なお，電子管事業，光半導体事業，画像計測機器事業及びその他事業の各事業は，「第5　経理の状況　1　連結財務諸表等　(1)連結財務諸表　注記事項（セグメント情報等）」に掲げるセグメントの区分と同一であります。

(1)　電子管事業 ……………………………………………………………………
光電子増倍管，イメージ機器及び光源

当社が製造販売するとともに，子会社のハママツ・コーポレーション，ハママツ・ホトニクス・ドイチュラント・ゲー・エム・ベー・ハー，ハママツ・ホトニクス・フランス・エス・ア・エール・エル，浜松光子学商貿（中国）有限公司他海外子会社を通じ販売しております。また，当社は，光電子増倍管につきましては，国内子会社の高丘電子（株），浜松電子プレス（株），海外子会社の北京浜松光子技術股份有限公司より加工部品を仕入れております。光源につきましては，国内子会社の（株）光素より加工部品を仕入れており，海外子会社のエナジティック・テクノロジー・インクにおいても製造販売をしております。

(2)　光半導体事業 ……………………………………………………………………
光半導体素子

当社が製造販売するとともに，子会社のハママツ・コーポレーション，ハママツ・ホトニクス・ドイチュラント・ゲー・エム・ベー・ハー，ハママツ・ホトニ

point **事業の内容**

　　会社の事業がどのようにセグメント分けされているか，そして各セグメントではどのようなビジネスを行っているかなどの説明がある。また最後に事業の系統図が載せてあり，本社，取引先，国内外子会社の製品・サービスや部品の流れが分かる。ただセグメントが多いコングロマリットをすぐに理解するのは簡単ではない。

クス・フランス・エス・ア・エール・エル，浜松光子学商貿（中国）有限公司他海外子会社を通じ販売しております。また，当社は，国内関連会社の浜松光電（株）より加工部品を仕入れております。

（3）　画像計測機器事業 ···
画像処理・計測装置

　当社が製造販売するとともに，子会社のハママツ・コーポレーション，ハママツ・ホトニクス・ドイチュラント・ゲー・エム・ベー・ハー，ハママツ・ホトニクス・フランス・エス・ア・エール・エル，浜松光子学商貿（中国）有限公司他海外子会社を通じ販売しております。

（4）　その他事業 ···
　半導体レーザーに係る事業，子会社の（株）磐田グランドホテルが営むホテル事業及び子会社の北京浜松光子技術股份有限公司の独自製品に係る事業を含んでおります。

　以上に述べた事項を事業系統図によって示すと次のとおりであります。

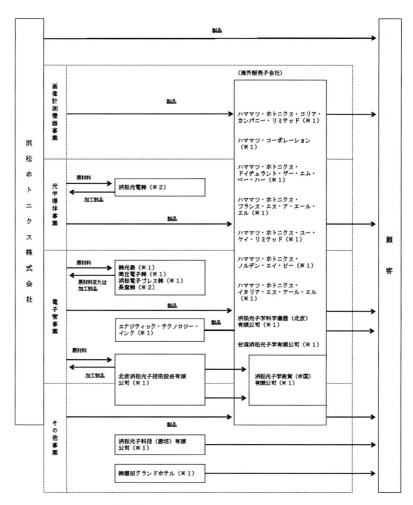

(注) ※1　連結子会社
　　　※2　持分法適用関連会社

(point) 浜松ホトニクスの事業系統図

浜松ホトニクスの子会社等が部品の加工を行っている。親会社である浜松ホトニクスはそれらの部品を仕入れて最終製品に仕上げる。国内の顧客に対しては浜松ホトニクスから，海外の顧客に対しては海外子会社を通じて製品の販売を行っている。

4 関係会社の状況

名称	住所	資本金	主要な事業の内容	議決権の所有割合（％）	関係内容
（連結子会社）					
㈱光素	静岡県磐田市	千円 85,000	光源の製造	100.0	当社の製品を加工しております
高丘電子㈱	静岡県浜松市中区	千円 98,000	光電子増倍管等の製造	88.6	当社の製品を加工しております。役員の兼任等…有
浜松電子プレス㈱	静岡県磐田市	千円 95,000	電子部品、金型の製造	72.1	当社の製品を加工しております。
㈱磐田グランドホテル	静岡県磐田市	千円 100,000	ホテル事業	57.1	当社は施設を利用しております。役員の兼任等…有
ホトニクス・マネージメント・コーポ（注1）	米国ニュージャージー州	千米ドル 33,521	持株会社	100.0	当社に不動産を賃貸しております。役員の兼任等…有
ハママツ・コーポレーション（注1）（注5）	米国ニュージャージー州	千米ドル 426	光電子増倍管、イメージ機器及び光源、光半導体素子、画像処理・計測装置の販売	100.0 (100.0)	当社の製品を販売しております。役員の兼任等…有
エナジティック・テクノロジー・インク	米国マサチューセッツ州	米ドル 1	光源等の製造販売	100.0 (100.0)	役員の兼任等…有
ホトニクス・マネージメント・ヨーロッパ・エス・アール・エル（注1）	ベルギー王国モンサンギベール市	千ユーロ 272,696	持株会社	100.0	役員の兼任等…有
ハママツ・ホトニクス・ヨーロッパ・ゲー・エム・ベー・ハー	独国ヘルシンク市	千ユーロ 400	欧州における販売統括会社	100.0 (100.0)	役員の兼任等…有
ハママツ・ホトニクス・ドイチュラント・ゲー・エム・ベー・ハー（注1）（注5）	独国ヘルシンク市	千ユーロ 2,000	光電子増倍管、イメージ機器及び光源、光半導体素子、画像処理・計測装置の販売	100.0 (100.0)	当社の製品を販売しております。
ハママツ・ホトニクス・フランス・エス・ア・エール・エル	仏国マッシー市	千ユーロ 1,136	光電子増倍管、イメージ機器及び光源、光半導体素子、画像処理・計測装置の販売	100.0 (100.0)	当社の製品を販売しております。
ハママツ・ホトニクス・イタリア・エス・アール・エル	伊国アレーゼ市	千ユーロ 728	光電子増倍管、イメージ機器及び光源、光半導体素子、画像処理・計測装置の販売	100.0 (100.0)	当社の製品を販売しております。
ハママツ・ホトニクス・ユー・ケイ・リミテッド	英国ハートフォードシャー	千英ポンド 400	光電子増倍管、イメージ機器及び光源、光半導体素子、画像処理・計測装置の販売	100.0 (100.0)	当社の製品を販売しております。
ハママツ・ホトニクス・ノルデン・エイ・ビー	スウェーデン王国シスタ市	千スウェーデンクローネ 2,700	光電子増倍管、イメージ機器及び光源、光半導体素子、画像処理・計測装置の販売	100.0 (100.0)	当社の製品を販売しております。
浜松光子学商貿（中国）有限公司（注5）	中国北京市	千中国元 50,000	光電子増倍管、イメージ機器及び光源、光半導体素子、画像処理・計測装置の販売	100.0	当社の製品を販売しております。役員の兼任等…有
台湾浜松光子学有限公司	台湾新竹市	千台湾ドル 30,000	光電子増倍管、イメージ機器及び光源、光半導体素子、画像処理・計測装置の販売	100.0	当社の製品を販売しております。
北京浜松光子技術股份有限公司	中国北京市	千中国元 200,000	光電子増倍管等の製造販売	94.0	当社の製品を加工しております。役員の兼任等…有
ハママツ・ホトニクス・コリア・カンパニー・リミテッド	韓国ソウル市	千韓国ウォン 117,000	画像処理・計測装置等の販売	55.0	当社の製品を販売しております。

(point) 関係会社の状況

主に子会社のリストであり，事業内容や親会社との関係についての説明がされている。特に製造業の場合などは子会社の数が多く，すべてを把握することは難しいが，重要な役割を担っている子会社も多くある。有報の他の項目では一度も触れられていない場合が多いので，気になる会社については個別に調べておくことが望ましい。

名称	住所	資本金	主要な事業の内容	議決権の所有割合(%)	関係内容
浜松光子科技(廊坊)有限公司	中国 河北省廊坊市	千中国元 18,000	医療機器及び関連製品の製造販売	100.0 (100.0)	－
浜松光子学科学儀器(北京)有限公司	中国 北京市	千中国元 5,000	光電子増倍管、イメージ機器及び光源、光半導体素子、画像処理・計測装置の販売	100.0 (100.0)	当社の製品を販売しております。 役員の兼任等…有
ハママツ・ホトニクス・イスラエル・リミテッド	イスラエル国 ブネイブラク	千イスラエル 新シェケル 100	光電子増倍管、イメージ機器及び光源、光半導体素子、画像処理・計測装置の販売	100.0 (100.0)	当社の製品を販売しております。
(持分法適用関連会社) 浜松光電㈱　　　　(注4)	静岡県 磐田市	千円 79,500	光半導体素子の製造販売	18.9	当社の製品を加工しております。
長窯㈱　　　　　(注4)	長野県 長野市	千円 55,004	電子部品の製造販売	18.5	当社に製品を販売しております。 役員の兼任等…有
ハママツ／クィーンズ・PET・イメージング・センター	米国 ハワイ州	千米ドル 8,001	PETを用いた医療診断及び研究開発	30.0 (30.0)	役員の兼任等…有
メンロー・システムズ・ゲー・エム・ベー・ハー	独国 ミュンヘン市	千ユーロ 42	光源の製造・開発	24.9 (24.9)	－

((注) 1　ホトニクス・マネージメント・コーポ，ハママツ・コーポレーション，ハママツ・ホトニクス・ドイチュラント・ゲー・エム・ベー・ハー及びホトニクス・マネージメント・ヨーロッパ・エス・アール・エルは特定子会社に該当いたします。

2　上記のうち，有価証券届出書または有価証券報告書を提出している会社はありません。

3　議決権の所有割合の（ ）内は，間接所有割合で，内数であります。

4　持分は100分の20未満でありますが，実質的な影響力を持っているため関連会社としたものであります。

5　ハママツ・コーポレーション，ハママツ・ホトニクス・ドイチュラント・ゲー・エム・ベー・ハー及び浜松光子学商貿(中国)有限公司につきましては,売上高(連結会社相互間の内部売上高を除く)の連結売上高に占める割合が10％を超えております。

ハママツ・コーポレーションの主要な損益情報等は次のとおりであります。

(1) 売上高　　　　65,500百万円
(2) 経常利益　　　6,250
(3) 当期純利益　　4,715
(4) 純資産額　　　18,523
(5) 総資産額　　　33,085

ハママツ・ホトニクス・ドイチュラント・ゲー・エム・ベー・ハーの主要な損益情報等は次のとおりであります。

(1) 売上高　　　　27,827百万円
(2) 経常利益　　　2,975
(3) 当期純利益　　2,208
(4) 純資産額　　　8,566
(5) 総資産額　　　11,684

(point) **販売の欧米依存がリスクに**

浜松ホトニクスでは，特に米国や欧州における販売割合が高い。そのため，これらの地域における不況が浜松ホトニクスの収益を大きく左右する。

浜松光子学商貿（中国）有限公司の主要な損益情報等は次のとおりであります。

- (1) 売上高　　　26,219百万円
- (2) 経常利益　　7,693
- (3) 当期純利益　5,786
- (4) 純資産額　　7,846
- (5) 総資産額　　21,825

5　従業員の状況

(1)　連結会社の状況 ‥‥‥‥‥‥‥‥‥‥‥‥‥‥‥‥‥‥‥‥‥‥‥‥‥‥‥‥‥‥‥‥‥

（2022年9月30日現在）

セグメントの名称	従業員数（名）
電子管事業	2,140
光半導体事業	1,664
画像計測機器事業	610
その他事業	372
全社（共通）	705
合計	5,491

（注）1　従業員数は就業人員数であり，臨時雇用者数については従業員の100分の10未満のため記載を省略しております。
　　　2　全社（共通）として，記載されている従業員は，特定のセグメントに区分できない管理部門等に所属しているものであります。

(2)　提出会社の状況 ‥‥‥‥‥‥‥‥‥‥‥‥‥‥‥‥‥‥‥‥‥‥‥‥‥‥‥‥‥‥‥‥

従業員数（名）	平均年齢（才）	平均勤続年数（年）	平均年間給与（円）
3,884	40.2	16.0	7,203,886

セグメントの名称	従業員数（名）
電子管事業	1,197
光半導体事業	1,395
画像計測機器事業	438
その他事業	159
全社（共通）	695
合計	3,884

（注）1　従業員数は就業人員数であり，臨時雇用者数については従業員の100分の10未満のため記載を省略しております。

ⓟₒᵢₙₜ 従業員の状況

主力セグメントや，これまで会社を支えてきたセグメントの人数が多い傾向があるのは当然のことだろう。上場している大企業であれば平均年齢は40歳前後だ。また労働組合の状況にページが割かれている場合がある。その情報を載せている背景として，労働組合の力が強く，人数を削減しにくい企業体質だということを意味している。

2 全社（共通）として，記載されている従業員は，特定のセグメントに区分できない管理部門等に所属しているものであります。
3 平均年間給与は，賞与及び基準外賃金を含んでおります。

（3） 労働組合の状況 ……………………………………………………………

　当社の労働組合は，浜松ホトニクス労働組合と称し1961年9月10日に結成され，2022年9月30日現在組合員数は3,282名であります。所属上部団体として産業別労働組合JAMに属しており，労使関係は極めて良好であります。

---

point **従業員構成に目立った変化はなし**
　前期から，従業員数や平均年齢などに目立った変化はないため，これらの影響を及ぼすような大きなイベント（リストラ等）はなかったものと思われる。

■ 事業の状況

1　経営方針，経営環境及び対処すべき課題等

　文中の将来に関する事項は，当連結会計年度末現在において当社グループが判断したものであります。

（1）　経営方針 ･･

　当社は未知未踏を追求し，光技術を用いた新しい産業を創造し，世界一のもの作りを目指すことで，企業価値を向上させるとともに科学技術の発展にも寄与することを経営の基本方針としております。

　光は様々な産業を支える基盤技術となっており，今日における技術革新や電子機器の高性能化，高精度化のためには，光技術のさらなる進化がグローバルな規模で求められています。しかしながら，光と物質との相互作用は自然界における種々の現象の基礎ですが，ほとんどの部分は学術的に未知未踏であり，その本質はほんの一部しか解明されていません。いまだ解き明かされていない領域を探求し，そこから生まれる新しい知識に基づいた応用の可能性をもとに，新しい産業を創成し業容を拡大することで企業価値の増大を目指してまいります。また，当社は人・技術・知識が経営の基盤と考えております。社員一人ひとりが日々の仕事を通じて研鑽し，自分にしかできないことを見つけ出し，当社が取り組む光産業創成に向けての知識，ニーズ，競争力のある技術の開発を行うとともに，「和」の精神のもと，個々の能力の総和以上の総合力を発揮できる企業風土の醸成が必要であるという認識のもと，現場主義による積上げ式の取組を基本としております。

（2）　中長期的な経営戦略等 ･･

　「それがなければ，実現できない」「それがなければ，目的に辿りつけない」「それがなければ，未来と出会えない」。私たちは，自分たちの光技術を「Key Enabling　Technology」だと自負しております。一般的な産業構造は最終製品メーカーを頂点にしたピラミッド型です。一方，光応用産業の構造は逆ピラミッド型で，光センサや光源などのデバイスを供給する当社がボトムに位置し，上に

---

point　業績等の概要

　この項目では今期の売上や営業利益などの業績がどうだったのか，収益が伸びたあるいは減少した理由は何か，そして伸ばすためにどんなことを行ったかということがセグメントごとに分かる。現在，会社がどのようなビジネスを行っているのか最も分かりやすい箇所だと言える。

向かって産業の規模と領域が広がっていきます。ただし，当社はボトムにいるものの単に部品を供給しているだけではなく，最終製品の性能を高め光応用産業の核となる「Key Enabling Technology」を提供しているのです。当社は，光デバイスからモジュールの方向へと事業領域を上に伸ばしていくことと同時に，お客様との「共創」により新たなアプリケーションを見つけ，光応用産業の逆ピラミッドの角度を広げて応用を広げていきます。また，お客様自身も気づいていないニーズを先取りしていくためには，光技術の応用で新しいビジネスを目指すベンチャーとしての連携や，社内ベンチャーの展開が重要です。今後も当社は，創業以来のベンチャー精神を醸成しながら具現化するとともに，コアとなる光デバイスを強化し，戦略的に光応用産業の幅を広げ持続的発展を図っていきます。

　一方で，長期的な技術開発を行うためにも安定的に利益を生み出し，継続的な成長を続ける必要があります。当社グループは光産業の拡大や経営環境の変化に柔軟かつ迅速に対応するため，中長期的なビジョンのもと，成長に向けた積極的な研究開発や設備投資を行うことで，持続的かつ安定的な高収益体制の構築を目指します。

「Key Enabling Technology」及び持続的成長戦略の概念図

サービス

システム

新しいビジネスの展開

モジュール

既存ビジネスの強化・深化

光デバイス

コア技術の強化

HAMAMATSU
PHOTON IS OUR BUSINESS

（3） 経営上の目標達成状況を判断するための客観的な指標等 ·····················

　当社グループは，持続的な成長に向けて，収益性の観点からは，売上高営業利益率を重要視しており，具体的には当社連結ベース及び各セグメントにおける営業利益率を主要指標と定め，その向上に努力しております。

　一方，効率性の観点からは，資本コストを的確に把握した上で，ROE（自己資本当期純利益率）を意識した経営を行っております。

（4） 経営環境及び対処すべき課題 ···

　当社グループを取り巻く経営環境につきましては，一部で企業収益や設備投資に持ち直しの動きがみられたものの，新型コロナウイルス感染症の再拡大や長期化する部材の調達難，ウクライナ情勢の影響のほか，世界的な金融引き締めによる景気後退懸念など世界経済の先行きは不透明な状況のなかで推移いたしました。

　このような状況のもと，当社の足元の状況としては，医用，産業，分析分野等の主要な業界において，前期からの好調さを維持し，引き続き売上げを伸ばしました。特に，世界的な5Gやデータセンター等の半導体関連需要の拡大を背景として，産業用機器向けの半導体関連製品が業績を牽引したほか，医用・バイオ機器も堅調に推移した結果，当期の業績は売上高，利益ともに過去最高を達成いたしました。

　当社グループが追求する光技術の需要は，医用，産業，分析分野など最先端のテクノロジーの領域でますます高くなっており，当社が供給する製品は，世界中のお客様の最終製品の性能を高めるために重要な要素技術（Key　Enabling　Technology）となっていることを改めて認識しております。

　当社グループといたしましては，引き続き，社会が必要とする製品・技術を供給するため，将来に向けて必要な設備投資を進め，事業を牽引するコア技術を磨くとともに，光技術とのシナジー効果が期待される国内外のパートナーとの共創にも積極的に取り組み，当社の事業領域である光応用産業の拡大に挑戦してまいります。

　また，今後の新たな成長への取り組みとして，レーザ事業を新たな事業の柱と

(point) **生産及び販売の状況**

　生産高よりも販売高の金額の方が大きい場合は，作った分よりも売れていることを意味するので，景気が良い，あるいは会社のビジネスがうまくいっていると言えるケースが多い。逆に販売額の方が小さい場合は製品が売れなく，在庫が増えて景気が悪くなっていると言える場合がある。

すべく注力するとともに，3つの事業部や中央研究所を含めた全社的な連携を強化し，そこから生まれるシナジーを最大限発揮させることにより，中長期的な事業拡大を目指すための経営体制の強化に取り組んでまいります。　当社グループといたしましては，創業当時のベンチャー精神を忘れず，持続可能な社会の実現に向けて，環境，社会的課題など様々な諸問題にも光技術で貢献することで，企業価値の向上に努めてまいります。

(5)　サステナビリティへの取り組み ……………………………………………

①サステナビリティ基本方針

　当社は，1953年の創業以来一貫して「光」を追究し，光技術を用いた世界一のものづくりを通じて，社会そして科学技術発展に貢献することを基本理念としております。健全で信頼される企業としての成長を目指し，サステナビリティの意識を高く保ち，すべてのステークホルダーと共に事業を推進してまいります。

1. 企業倫理の徹底を図り，関係法令，国際ルール及びその精神を遵守するとともに，人権を尊重します
2. 環境に配慮，貢献し，健全で持続可能な事業活動を展開します
3. 社員を尊重し，能力開発を支援し，働きやすく安全な職場環境を提供します
4. 安全かつ高品質な製品・サービスを提供します
5. 公正な取引を行い，情報を適切に管理し，不正アクセス，情報漏洩，不正使用等を防止します

②推進体制

　当社は，2021年10月に新たにサステナビリティ統括委員会を設置いたしました。サステナビリティ統括委員会は，委員長である管理本部長のもと，全社横断的な対応の推進をはかります。そして，サステナビリティ統括委員会に属する各委員会の活動状況を取締役会に報告して，取締役会の意思を各委員会の活動に反映してまいります。

(point) **対処すべき課題**

　有報のなかで最も重要であり注目すべき項目。今，事業のなかで何かしら問題があればそれに対してどんな対策があるのか，上手くいっている部分をどう伸ばしていくのかなどの重要なヒントを得ることができる。また今後の成長に向けた技術開発の方向性や，新規事業の戦略についての理解を深めることができる。

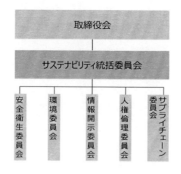

2 事業等のリスク

有価証券報告書に記載した事業の状況，経理の状況等に関する事項のうち，経営者が連結会社の財政状態，経営成績及びキャッシュ・フローの状況に重要な影響を与える可能性があると認識している主要なリスクは，以下のとおりであります。

なお，文中の将来に関する事項は，当連結会計年度末現在において当社グループが判断したものであります。

(1) 経済情勢の変化について ···

当社グループは，日本及び欧米など世界各国に製品を供給しております。当社グループの製品需要は，日本のみならず進出国又は販売地域の経済情勢の変化に大きく影響を受けます。このような経済情勢の変化が，当社グループの予想を超えた場合，当社グループの業績に大きな影響を及ぼす可能性があります。

当該リスクに対し，医用分野などの景気の影響を受けにくい業界分野への販売を推進する一方で，産業用機器分野，分析用機器分野，計測用機器分野，学術研究分野などの様々な業界分野に広く販売することでリスクの分散化並びに平準化に努めております。

(2) 市場における競争の激化について ···

当社グループの電子管事業及び光半導体事業は，世界の主要な医用機器，産業用機器，分析用機器，輸送用機器メーカーに対して，それらのキーデバイスとし

ての光電子部品を供給しております。画像計測機器事業は，産業用機器，学術研究，医用などのエンドユーザー向けに最終製品を供給しております。これら当社グループの中核をなす3事業が競合他社との価格及び開発競争の激化などにより収益率が著しく低下した場合には，当社グループの業績に大きな影響を及ぼす可能性があります。

　当該リスクに対し，継続的な新製品の投入並びに生産能力の増強により，新市場，市場占有率及び収益性の拡大に努めております。

(3)　技術革新における競争について

　当社グループは，「光を使いこなす技術を開発して社会に役立てる会社」であります。しかしながら，光の本質はほんの一部しか解明されておらず，他から学べるような問題ではなく，当社グループが自ら解決していかなければならない問題であると認識しております。このような状況において，今後，当社グループが，光の本質に関する新たな知識を獲得できなかった，又は，当社グループ以外によって，新たな光に関する技術的な発見があった場合には，当社グループは現在の市場さえも失う可能性とともに，当社グループの行っている研究開発投資は，必ずしも将来の売上高及び収益向上に結びつくとは限らず，将来の当社グループの業績及び成長見通しに大きな影響を及ぼす可能性があります。

　当該リスクに対し，光子工学についての未知未踏の世界を拓くため，光に関する新技術及び新製品開発に必要な研究開発投資を積極的に行っております。創業以来のベンチャー精神を忘れることなく，新規技術を企画し挑戦し続けること並びにそれを担う人材の育成にも取り組んでおります。

(4)　人材の確保，育成について

　当社グループの持続的成長は，高い専門性を有し，創業以来のベンチャー精神をもって，人類の未知未踏分野に粘り強く挑戦し続けられる人材の確保・育成並びに「和」の精神のもと，個々の能力の総和以上の総合力を発揮できる企業風土の醸成が重要であると認識しております。こうした人材の確保・育成及び企業風土の醸成が想定通りに進まなかった場合には，当社グループの経営の基盤が揺ら

(point) 財政状態，経営成績及びキャッシュ・フローの状況の分析

　「事業等の概要」の内容などをこの項目で詳しく説明している場合があるため，この項目も非常に重要。自社が事業を行っている市場は今後も成長するのか，それは世界のどの地域なのか，今社会の流れはどうなっていて，それに対して売上を伸ばすために何をしているのか，収益を左右する費用はなにか，などとても有益な情報が多い。

ぎ，業績や事業遂行に影響を及ぼす可能性があります。

当該リスクに対し，より高い専門性を有したグローバル展開を踏まえた人材の確保を積極的に推し進めるほか，採用後の教育制度の充実，高度なOJTにより専門性の伝承に努めております。また，創業以来のベンチャー精神を持った人材を育成するためにコーポレート・ベンチャー・キャピタル（CVC）を活用し，グローバル　ストラテジック　チャレンジ　センター（GSCC）といった組織内に社内ベンチャー制度を立ち上げるなどにより人材の育成に努めております。

(5) 為替変動について

当社グループの連結売上高に占める海外売上高の比率は7割強であり，海外子会社の売上げ，費用，資産等の現地通貨を円換算する換算レートには，現地通貨での価値が変わらなくても，円換算後の価値を変動させるリスクを有しております。ビジネスレベルにおいては，当社は輸出の大部分を円建てで行っており，海外販売子会社において為替リスクを負っております。海外子会社は顧客との交渉により円建てもしくは現地通貨建て等を取り決めておりますが，現地通貨建ての取引の場合は，急激な円高が起こった場合，または，円高傾向が長期にわたる場合には，顧客への価格転嫁等の交渉が必要になり，収益確保に影響を及ぼす可能性があります。

当該リスクに対し，為替変動に対する価格の弾力性が最小化するような高付加価値の製品を投入するよう努めるとともに，海外子会社において顧客との取引を円建てで行うほか為替予約を活用するなど通貨間の為替変動による影響を最小化するよう努めております。

(6) 知的財産について

当社グループは，研究開発企業として光技術を用いた世界一のもの作りを目指しております。当社グループは様々な新技術やノウハウを開発しており，独自の光技術を背景に日本，欧米等世界各国に製品を供給しております。当社グループが事業を行う海外の地域によっては，知的財産権の保護が十分ではない場合があり，第三者が当社グループの知的財産を使用して類似製品を製造することを効果

(point) **ノーベル賞に貢献した光電子増倍管**

光電子倍増管については，世界的に高いシェアを持つ。医療機器に用いる検体検査用PMTやPET用PMTの割合が大きく，その他，石油探査用PMTや半導体検査用PMTなどがある。2002年にノーベル物理学賞を受賞した小柴昌俊東京大学特別栄誉教授が浜松ホトニクスに依頼して開発した，神岡陽子崩壊実験「カミオカンデ」用の20イ

的に防止できない可能性があります。一方で，当社グループが知り得ない知的財産権が存在した場合に，第三者の知的財産権を侵害するとともに当社グループが研究開発投資により得られた知的財産の利用を制限される可能性があり，これら知的財産の適切な管理がなされないことで業績上又は事業遂行上の悪影響が及ぶ可能性があります。

　当該リスクに対し，専門の部門を組織し，当社グループが開発した新技術やノウハウは知的財産権として，網羅的に出願，権利化を行うとともに，製品に関わる分野の知的財産権について国内，海外を問わず情報収集を行い，弁護士事務所などと連携し，第三者の知的財産権を侵害しないよう対応を強化することでリスクの最小化に努めております。

(7)　地震等自然災害について

　当社グループは，当社の本社，生産及び研究開発拠点が静岡県に集中しており，予想される東海大地震，東南海地震が発生した場合，製造ライン，研究開発施設，情報システム及びサプライチェーンの機能麻痺により，生産能力に重大な影響を与え，売上げの大幅な減少や施設の修復等に伴う多額の費用負担等が発生し，当社グループの業績と財務状況に影響を及ぼす可能性があります。

　当該リスクに対し，事業継続計画（BCP）の整備を行うとともに，地震保険，地震コミットメントライン契約によるリスクファイナンスの手当を行い，被災からの早期事業復旧に備えております。

(8)　新型コロナウイルス感染症について

　当社グループは国内外において事業活動を展開しており，変異株を含む新型コロナウイルス感染症の感染拡大・長期化に伴い，航空便減便による製品出荷に対する懸念，当社出張制限による国内外顧客への受注機会の減少並びに製品納入遅延などが生じ，特にサプライチェーン不安による部材調達懸念が顕在化する場合には，当社グループの業績と財務状況に影響を及ぼす可能性があります。

　当該リスクに対し，従業員への感染拡大を防ぎ，生産活動への影響を防ぐため，国内外への出張の禁止，不特定多数が参加する会合（セミナー，展示会，懇親会

　ンチ光電子増倍管については，素粒子ニュートリノの観測に貢献したとして，世界最大の電気・電子・情報・通信分野の学会 IEEE（米国電気電子学会）から，IEEEマイルストーンに認定された。

など）への参加の自粛，事業所間移動の制限，お客様の弊社来訪自粛要請及び従業員に向けて日常生活における感染防止に対する注意喚起などを行い感染の拡大による生産ラインへの影響を最小化したほか，財務面では，投資計画の見直しを行い，資金面での万が一に備えコミットメントラインを締結するなどの対応を行っております。

（9） 国際的な事業活動について

当社グループの連結売上高に占める海外売上高の比率は7割強であり，グローバルに事業を展開しております。進出国における政治不安や経済情勢悪化等，法規制や行政指導への抵触及び労使関係・人材確保のリスクなどのほか，テロ，戦争，疾病などによる社会的混乱により事業遂行に影響を及ぼす可能性があります。

当該リスクに対し，当社における窓口担当部署を決定し，定期的な情報収集・情報交換を図るほか，進出国で問題が発生した場合には，窓口担当部署と連携し，問題の早期収拾に努めております。

（10） 情報セキュリティリスクについて

当社グループは，事業活動を通じて，事業に関する取引情報，技術情報のほか個人情報などの重要情報を有しております。ネットワークウイルスの感染，サイバー攻撃他によるコンピュータシステムの休止などによりこれら重要情報の漏洩が発生した場合，事業遂行上の悪影響が及ぶ可能性があります。

当該リスクに対し，社内規定の整備，定期・不定期による従業員の教育等の対策を講じるほか，セキュリティシステムの導入を行うことでリスクの最小化に努めております。また，万が一セキュリティ事故が発生した場合におけるリスクファイナンスの手当て並びに専門家との連携による被害の最小化などを目的としてサイバー保険に加入するなどの対策も並行して行っております。

（11） 環境問題について

当社グループは，事業を行う各国の環境規制などの法的規制を遵守することは勿論のこと，世界各地で深刻化する環境問題に適切に対応し，解決に貢献するこ

---

point **生産や研究開発の人員を増強**

平成23年9月期に中国販売子会社を設立した際に従業員数が増加している他，毎期順調に従業員数を増やしている。生産能力や研究開発体制を強化していこうという姿勢がうかがえる。

とが重要と考えております。これら環境問題に対する取組が十分ではない場合，顧客の要望に応えられないばかりか社会的な信用を失い事業遂行上の悪影響が及ぶ可能性があります。

当該リスクに対して，対処すべき課題に記載の通り，執行役員を委員長とする環境委員会ならびにその配下の環境専門部会，ワーキンググループにて検討した内容を，サステナビリティ統括委員会にて精査し，重要事項を取締役会にて報告のうえ，監督を受けて，指摘事項を全社に展開するPDCAを構築しております。また，気候変動関連については，2021年10月に当社グループの地球温暖化対策に係る長期ビジョンに基づく温室効果ガス削減目標が国際的な環境団体SBTイニシアチブからの認定を受けるとともに，気候変動関連財務情報開示タスクフォース（TCFD）提言に賛同を表明し，気候変動が事業に与えるリスク・機会の財務的な影響を分析し，その内容を当社ホームページにて開示しております。

（12） 企業買収や業務提携による効果について ·······················

当社グループの持続的な成長のためには，将来を見据えた戦略的な挑戦が必要であり，その手段として企業買収や業務提携を行う場合があります。それらの企業買収や提携によるシナジー効果の創出や事業展開が当初見込み通りに進まなかった場合は，当社グループの業績と財政状況に影響を及ぼす可能性があります。

当該リスクに対して，買収・提携前のデューデリジェンスを通じたリスクの洗い出しと共に，取得後はPMI（Post Merger Integration）を進め，定期的に事業計画と実績を比較検討し，迅速な対策を行える体制を構築するとともに，被買収企業とのコミュニケーションを密に行うことで事業戦略への適合を効率的に図れるよう努めております。

（13） 材料の調達について ··

当社グループは，仕入先との信頼関係を構築し，電子部品などの原材料の安定的な調達を行っております。災害や戦争・テロなどに起因するサプライチェーンの混乱や急激な需要の高まりによる部品供給の逼迫などが生じた場合は，電子部品の調達困難に起因した主要製品の製造が困難な状況となり，当社グループの業

(point) 業績低迷時にも研究開発投資を継続

世界的な経済不況と円高進行の影響を受けて，平成21年9月期は企業全体として設備投資を控える傾向にあった。そのため，この時期の業績は一時的に落ち込んでおり，株価も低迷していた。しかし，そのような時期においても研究開発への投資は継続的に行ったことが，その後の販売回復，及び株価回復へとつながっている。

績と財政状況に影響を及ぼす可能性があります。

　当該リスクに対して，国内外における新たな信頼のおける取引先の開拓を進めるとともに既存仕入先との間では更なる関係強化を図ることで安定した電子部品材料の供給体制構築を推進しております。また，サプライチェーン委員会を設立し取締役会の監督を受けながらサプライチェーンに関する諸課題の検討を行っております。

3　経営者による財政状態，経営成績及びキャッシュ・フローの状況の分析

（1）　経営成績等の状況の概要

　当連結会計年度における当社グループ（当社，連結子会社及び持分法適用会社）の財政状態，経営成績及びキャッシュ・フロー（以下，「経営成績等」という。）の状況の概要は次のとおりであります。

①　経営成績

　当連結会計年度におけるわが国経済は，一部で企業収益や設備投資に持ち直しの動きがみられたものの，新型コロナウイルス感染症が再拡大したほか，長期化する原材料の調達難やロシア・ウクライナ情勢の影響等による資源価格の高騰などの不安要素が大きくなりました。また，世界的な金融引き締めによる景気の下振れが懸念されるなど当社を取り巻く環境はなお厳しくかつ先行き不透明な状況のなかで推移いたしました。

　このような状況におきまして，当社グループは，従業員への新型コロナウイルスの感染拡大と生産活動への影響を防ぐため引き続き感染防止策を講じたうえで，生産能力の増強に向けた設備投資を継続するとともに，持続可能な社会への貢献も念頭に，当社独自の光技術をいかした研究開発・製品開発を推進することで，売上高，利益の拡大に努力してまいりました。

　当連結会計年度の業績につきましては，国内売上げ，海外売上げともに増加いたしました結果，売上高は208,803百万円と前期に比べ39,776百万円（23.5%）の増加となりました。利益面につきましても同様に，営業利益は56,983百万円と前期に比べ22,664百万円（66.0%）増加，経常利益は58,879百万円と前期に比べ24,230百万円（69.9%）増加，親会社株主に帰属する当期純利益は

(point)　**光電子倍増管事業に積極投資**

　　前期と比較して設備投資額が551百万円増加している。電子管事業での設備投資額が伸びており，現在計画している大規模な光電子増倍管の研究開発及び製造用工場の設置にかかる投資額と考えられる。光電子倍増管は2014年に入り，IEEEマイルストーンに認定されたこともあり，更に注力していきたい分野であるとうかがえる。

41,295百万円と前期に比べ16,241百万円（64.8%）増加いたしました結果，売上高，利益とも過去最高となりました。

　セグメントの経営成績は，次のとおりであります。

[電子管事業]

　光電子増倍管，イメージ機器及び光源は，産業分野において，非破壊検査用のマイクロフォーカスＸ線源が，EV（電気自動車）生産の拡大や世界的な5Gの普及に伴い，車載用バッテリー検査や基板検査向けなどアジアを中心に売上げが増加したほか，シリコンウェハを高速・高品位に切断するステルスダイシングエンジン及び半導体検査装置向けの光電子増倍管，光源の売上げが，世界的な半導体設備投資の活況を受けて増加いたしました。また，医用分野において，フローサイトメーターなどの検体検査装置向け光電子増倍管が，国内外で需要が増加し売上げが増加いたしました。

　この結果，電子管事業といたしましては，売上高は80,881百万円（前期比24.8%増），営業利益は32,915百万円（前期比45.5%増）となりました。

[光半導体事業]

　光半導体素子は，半導体製造・検査装置向けのイメージセンサ等の売上げが，世界的な半導体需要の高まりを受けて増加したほか，産業用ロボット等の制御などFA分野におけるフォトIC，フォトダイオード及びLEDの売上げも増加いたしました。また，医療分野においては，Ｘ線CT向けのシリコンフォトダイオード及びPET用MPPCの売上げが国内外における継続的な需要の高まりを受けて増加いたしました。

　この結果，光半導体事業といたしましては，売上高は95,554百万円（前期比22.7%増），営業利益は35,230百万円（前期比55.5%増）となりました。

[画像計測機器事業]

　画像処理・計測装置は，デジタルカメラの売上げが，生命科学やバイオ分野に加え，新製品の投入により量子や天文などの物理分野においても増加したほか，海外におけるDNA検査向けも増加いたしました。また，病理デジタルスライドスキャナの売上げが，引続き欧州において増加したほか，半導体故障解析装置の売上げもアジアを中心に国内外で好調に推移いたしました。

(point) **設備投資等の概要**

　　セグメントごとの設備投資額を公開している。多くの企業にとって設備投資は競争力向上・維持のために必要不可欠だ。企業は売上の数%など一定の水準を設定して毎年設備への投資を行う。半導体などのテクノロジー関連企業は装置産業であり，技術発展のスピードが速いため，常に多額の設備投資を行う宿命にある。

この結果，画像計測機器事業といたしましては，売上高は26,662百万円（前期比23.8％増），営業利益は8,236百万円（前期比55.2％増）となりました。

［その他事業］

　半導体レーザーに係る事業，子会社の（株）磐田グランドホテルが営むホテル事業及び子会社の北京浜松光子技術股份有限公司の独自製品に係る事業を含んでおります。

　その他事業の売上高は5,705百万円（前期比18.8％増），営業利益は450百万円（前期比3.0％増）となりました。

② 財政状態

　財政状態の状況は次のとおりであります。

［流動資産］

　流動資産の主な変動は，現金及び預金が34,912百万円，棚卸資産が14,674百万円それぞれ増加したことなどから，流動資産は前連結会計年度末に比べ53,918百万円増加しております。

［固定資産］

　固定資産の主な変動は，建設仮勘定が4,904百万円，建物及び構築物が3,071百万円それぞれ増加したことなどから，固定資産は前連結会計年度末に比べ10,583百万円増加しております。

［流動負債］

　流動負債の主な変動は，未払法人税等が4,649百万円，設備関係電子記録債務（流動負債その他）が3,232百万円それぞれ増加したことなどから，流動負債は前連結会計年度末に比べ17,228百万円増加しております。

［固定負債］

　固定負債の主な変動は，退職給付に係る負債が1,460百万円，長期借入金が1,389百万円それぞれ増加したことなどから，固定負債は前連結会計年度末に比べ2,939百万円増加しております。

［純資産］

　純資産は，親会社株主に帰属する当期純利益の計上などにより利益剰余金が

---

point 主要な設備の状況

　「設備投資等の概要」では各セグメントの1年間の設備投資金額のみの掲載だが，ここではより詳細に，現在セグメント別，または各子会社が保有している土地，建物，機械装置の金額が合計でどれくらいなのか知ることができる。

31,988百万円，為替換算調整勘定が13,751百万円それぞれ増加したことなどから，当連結会計年度末の純資産は，前連結会計年度末に比べ44,333百万円増加し，281,904百万円となりました。

③ キャッシュ・フローの状況

当連結会計年度末の現金及び現金同等物（以下「資金」という。）の残高は，前連結会計年度末に比べ33,056百万円増加し，123,065百万円となりました。

当連結会計年度のキャッシュ・フローの状況を，前年同期と比較しますと次のとおりであります。

［営業活動によるキャッシュ・フロー］

営業活動により得られた資金は45,126百万円となりました。これは主として，税金等調整前当期純利益及び減価償却費の計上によるものであり，前連結会計年度に得られた資金39,913百万円に比べ5,213百万円の収入増となりました。

［投資活動によるキャッシュ・フロー］

投資活動により使用した資金は13,331百万円となりました。これは主として，有形固定資産の取得などによるものであり，前連結会計年度に使用した資金16,778百万円に比べ3,447百万円の支出減となりました。

［財務活動によるキャッシュ・フロー］

財務活動により使用した資金は7,759百万円となりました。これは主として，配当金の支払によるものであり，前連結会計年度に使用した資金4,475百万円に比べ3,283百万円の支出増となりました。

④ 生産，受注及び販売の実績
　a 生産実績

当連結会計年度における生産実績をセグメントごとに示すと，次のとおりであります。

セグメントの名称	当連結会計年度 （自　2021年10月 1 日 至　2022年 9 月30日）	
	金額（百万円）	前年同期比（％）
電子管事業	80,937	26.6
光半導体事業	95,385	25.9
画像計測機器事業	27,113	35.0
その他事業	5,907	40.9
合計	209,343	27.7

（注）1　セグメント間の取引については相殺消去しております。

　　　2　金額は販売価格によっております。

b　受注実績

当社グループは主に見込み生産を行っているため，該当事項はありません。

c　販売実績

当連結会計年度における販売実績をセグメントごとに示すと，次のとおりであります。

セグメントの名称	当連結会計年度 （自　2021年10月 1 日 至　2022年 9 月30日）	
	金額（百万円）	前年同期比（％）
電子管事業	80,881	24.8
光半導体事業	95,554	22.7
画像計測機器事業	26,662	23.8
その他事業	5,705	18.8
合計	208,803	23.5

（注）1　セグメント間の取引については相殺消去しております。

　　　2　主要な販売先については，総販売実績に対する販売割合が10％以上の相手先はありません。

(2)　経営者の視点による経営成績等の状況に関する分析・検討内容 ……………

当連結会計年度における当社グループ経営成績等の状況に関する分析・検討内容は以下のとおりであります。

①　当連結会計年度の経営成績等

当社は自社の資本コストを的確に把握したうえで，3 年の経営計画を策定し，公表しております。（ローリング方式）また，中長期的ビジョンに基づき，成長に

(point) 設備の新設，除却等の計画

ここでは今後，会社がどの程度の設備投資を計画しているか知ることができる。毎期どれくらいの設備投資を行っているか確認すると，技術等での競争力維持に積極的な姿勢かどうか，どのセグメントを重要視しているか分かる。また景気が悪化したときは設備投資額を減らす傾向にある。

向けた積極的な設備投資や研究開発を行うことで，持続的かつ安定的な高収益体制の構築を目指しております。

　当連結会計年度の業績につきましては，国内売上げ，海外売上げともに増加いたしました結果，売上高は208,803百万円と前期に比べ39,776百万円（23.5％）の増加となりました。売上高は過去最高を記録し，2019年11月に公表した3年の経営計画の3年目の目標額177,100百万円を31,703百万円上回る結果となりました。利益面につきましても，営業利益は56,983百万円と前期に比べ22,664百万円（66.0％）増加，経常利益は58,879百万円と前期に比べ24,230百万円（69.9％）増加，親会社株主に帰属する当期純利益につきましても41,295百万円と前期に比べ16,241百万円（64.8％）増加となり，増収増益となりました。利益面についても売上高同様，2019年11月に公表した3年の利益計画の3年目の目標額を達成することができました。これは主に売上高が増収となったことによるものであります。

　なお，セグメント別の業績の概要につきましては「(1) 経営成績等の状況の概要　①経営成績」に記載のとおりであります。

a　売上高

　光電子増倍管，イメージ機器及び光源は，産業分野において，非破壊検査用のマイクロフォーカスX線源が，EV（電気自動車）生産の拡大や世界的な5Gの普及に伴い，車載用バッテリー検査や基板検査向けなどアジアを中心に売上げが増加したほか，シリコンウェハを高速・高品位に切断するステルスダイシングエンジン及び半導体検査装置向けの光電子増倍管，光源の売上げが，世界的な半導体設備投資の活況を受けて増加いたしました。また，医用分野において，フローサイトメーターなどの検体検査装置向け光電子増倍管が，国内外で需要が増加し売上げが増加いたしました。

　この結果，電子管事業といたしましては，売上高は80,881百万円（前期比24.8％増）となりました。　光半導体素子は，半導体製造・検査装置向けのイメージセンサ等の売上げが，世界的な半導体需要の高まりを受けて増加したほか，産業用ロボット等の制御などFA分野におけるフォトIC，フォトダイオード及びLEDの売上げも増加いたしました。また，医療分野においては，X線CT向けの

(point) 株式の総数等

　　発行可能株式総数とは，会社が発行することができる株式の総数のことを指す。役員会では，株主総会の了承を得ないで，必要に応じてその株数まで，株を発行することができる。敵対的TOBでは，経営陣が，自社をサポートしてくれる側に，新株を第三者割り当てで発行して，買収を防止することがある。

シリコンフォトダイオード及びPET用MPPCの売上げが国内外における継続的な需要の高まりを受けて増加いたしました。

この結果，光半導体事業といたしましては，売上高は95,554百万円（前期比22.7％増）となりました。

画像処理・計測装置は，デジタルカメラの売上げが，生命科学やバイオ分野に加え，新製品の投入により量子や天文などの物理分野においても増加したほか，海外におけるDNA検査向けも増加いたしました。また，病理デジタルスライドスキャナの売上げが，引続き欧州において増加したほか，半導体故障解析装置の売上げもアジアを中心に国内外で好調に推移いたしました。

この結果，画像計測機器事業といたしましては，売上高は26,662百万円（前期比23.8％増）となりました。

その他事業の売上高は5,705百万円（前期比18.8％増）となりました。

b　為替変動の影響

当社グループの経営成績に重要な影響を与える要因として，為替相場があげられます。当連結会計年度における為替感応度（1円の為替変動が年間営業利益に与える影響：円安＋／円高△）は，米ドルで300百万円，ユーロで100百万円，中国元で800百万円と試算しております。なお，当連結会計年度における営業利益に占める為替影響額は，8,249百万円であり，利益を増加させております。

c　売上原価，販売費及び一般管理費

売上原価は，前期比10,790百万円（12.6％）増加し96,421百万円となり，売上総利益は前期比28,986百万円（34.8％）増加し112,381百万円となりました。また，売上総利益率につきましては，電子管事業が前期比3.8％，光半導体事業が前期比5.4％増加したことから，前期比4.5％上昇し53.8％となりました。

販売費及び一般管理費は，前期比6,321百万円（12.9％）増加し55,398百万円となりました。これは給料が前期比1,967百万円（14.3％）増加したこと及び支払手数料が前期比1,075百万円（24.0％）増加したことなどによるものであります。なお，研究開発費につきましては，前期比97百万円（0.9％）減少し，売上高に対する比率は5.4％となりました。

(point) **連結財務諸表等**

ここでは主に財務諸表の作成方法についての説明が書かれている。企業は大蔵省が定めた規則に従って財務諸表を作るよう義務付けられている。また金融商品法に従い，作成した財務諸表がどの監査法人によって監査を受けているかも明記されている。

d 営業利益

営業利益は，前期比22,664百万円（66.0％）増加し56,983百万円となりました。電子管事業は，光電子増倍管をはじめとして，売上げが増加したことに伴い，売上総利益が前期比12,415百万円増加したことにより，営業利益は10,291百万円（45.5％）増加し32,915百万円となりました。光半導体事業は，シリコンフォトダイオード等の売上げが増加したことに伴い，売上総利益が前期比13,121百万円増加したことにより，営業利益は12,573百万円（55.5％）増加し35,230百万円となりました。画像計測機器事業は，デジタルカメラ等の売上げが増加したことに伴い，売上総利益が前期比3,471百万円増加したことにより，営業利益は2,928百万円（55.2％）増加し8,236百万円となりました。その他事業は，売上高が増加し，営業利益は450百万円（3.0％）となりました。

e 営業外損益

営業外損益は，1,896百万円の利益となり，前期比1,565百万円の利益の増加となりました。これは前期の為替差損267百万円が当連結会計年度は為替差益671百万円に転じたことなどによるものであります。なお，支払利息の増加などにより金融収支は1百万円収入減となりました。

f 特別損益

特別損益は，211百万円の損失となり，前期比318百万円の利益の減少となりました。これは，固定資産除却損が232百万円増加したことなどによるものであります。また，補助金収入も288百万円減少しております。

g 親会社株主に帰属する当期純利益

以上のことから，税金等調整前当期純利益は前期比23,912百万円（68.8％）増加し58,668百万円となりました。また，法人税等の負担率が，前期の27.42％と比較して，当連結会計年度は29.30％と1.88％上昇しております。この結果，親会社株主に帰属する当期純利益は前期比16,241百万円（64.8％）増加し41,295百万円となりました。

② 経営成績に重要な影響を与える要因

当社グループの経営成績に重要な影響を与える要因につきましては，「2　事業

等のリスク」に記載のとおりであります。

③ キャッシュ・フローの分析

　キャッシュ・フローの分析については，「(1) 経営成績等の状況の概要　③ キャッシュ・フローの状況」に記載しております。

④ 資本の財源及び資金の流動性

　当社グループは経営方針・経営戦略を遂行し，企業価値の継続的な向上と経営の安定を図るため資金需要ごとに適切な資金調達方法を選択することが重要と認識しております。主要資金需要ごとの資金調達方針は以下のとおりであります。

・建物，製造設備及び研究開発用設備等の設備投資に関する資金は自己資金で賄うことを基本とし，設備投資規模など状況によっては金融市場又は資本市場からの調達を検討する。

・光産業創成のための研究開発投資，基礎研究開発等に関する資金は自己資金で賄うことを基本としながら，適宜資本市場からの調達を検討する。

・運転資金は，自己資金で賄うことを基本としながら状況によっては金融市場から調達する。

・企業買収のための資金は，自己資金で賄うことを基本としながら，買収金額や資金状況によっては金融市場もしくは資本市場での調達を検討する。

　当社グループの資金調達の状況は，主に営業活動によるキャッシュ・フローにより賄われており，外部からの多額の資金調達に頼ることなく事業を遂行しております。

　また，地震などの自然災害からの復旧対応資金については十分な手元資金の確保に努めるとともに，地震保険並びに金融機関との専用コミットメントライン契約により，非常時の流動性確保にも備えております。

　今後も，収益力及びキャッシュ・フロー創出力を強化しつつ，株主様への適切な利益還元を行ったうえで，内部留保を積み増し，資金需要に対しては上記の基本原則に基づき自己資金と外部調達によるバランスに配慮し，財務健全性を維持しながら手元流動性を確保していくことを基本としてまいります。

(point) **連結財務諸表**

　ここでは貸借対照表(またはバランスシート，BS)，損益計算書(PL)，キャッシュフロー計算書の詳細を調べることができる。あまり会計に詳しくない場合は，最低限，損益計算書の売上と営業利益を見ておけばよい。可能ならば，その数字が過去5年，10年の間にどのように変化しているか調べると会社への理解が深まるだろう。

なお，新型コロナウイルス感染症等不測事態における運転資金への対応及び企業買収等に対する機動的な対応を目的として，コミットメントラインを締結しております。

⑤　**財政状態の分析**
　財政状態の分析については，「(1) 経営成績等の状況の概要　②財政状態」に記載しております。

⑥　**重要な会計上の見積り及び当該見積りに用いた仮定**
　当社グループの連結財務諸表は，わが国において一般に公正妥当と認められている会計基準に基づき作成されております。連結財務諸表作成にあたり，当社グループが採用している重要な会計方針は「第5　経理の状況　1連結財務諸表等　注記事項 (連結財務諸表作成のための基本となる重要な事項)」に記載しております。
　この連結財務諸表の作成にあたっては，過去の実績や当該事象の状況に応じて，合理的と考えられる方法に基づき見積り及び判断を行い，必要に応じて見直しておりますが，見積り特有の不確実性により実際の結果は異なる場合があります。
　なお，連結財務諸表の作成に当たって用いた会計上の見積り及び当該見積りに用いた仮定のうち，重要なものについては，「第5　経理の状況　1　連結財務諸表等　注記事項 (重要な会計上の見積り)」に記載のとおりであり，新型コロナウイルス感染症に伴う会計上の見積りについては，「第5　経理の状況　1　連結財務諸表等　注記事項 (追加情報)」に記載しております。

(point)　**建設仮勘定は未完の固定資産**
　「建設仮勘定」には現在建設中の建物など，完成前の固定資産が計上される。現在，光電子倍増管に関する研究開発及び製造設備が建設中であるが，こちらの投資規模が比較的大きいために，建設の進行に伴って「建設仮勘定」の金額も増加している。

設備の状況

1 設備投資等の概要

　当連結会計年度は，生産能力の拡大と開発力強化などを目的とした投資を中心に，20,427百万円の設備投資（有形固定資産受入ベース）を実施しております。これらの所要資金は，主として自己資金により充当しております。

　主なセグメントごとの設備投資の内容は次のとおりであります。

(1)　電子管事業 ……………………………………………………………

　主に当社において，イメージ機器及び光源の生産力拡大及び開発力強化を目的とした建物建設のための投資を行いました。また，光電子増倍管，イメージ機器及び光源の製造設備及び研究開発用設備の更新，拡充を中心に，電子管事業としては10,582百万円の設備投資となりました。

(2)　光半導体事業 …………………………………………………………

　主に当社において，光半導体素子の製造設備及び研究開発用設備の更新，拡充を中心に，光半導体事業としては5,300百万円の設備投資となりました。

(3)　画像計測機器事業 ……………………………………………………

　主に当社において，画像処理・計測装置の生産能力拡大及び開発力強化を目的とした建物建設のための投資を行いました。また，製造設備及び研究開発用設備の更新，拡充を中心に，画像計測機器事業としては1,779百万円の設備投資となりました。

(4)　全社 ………………………………………………………………………

　主に当社において，化合物半導体素子の研究開発用設備への投資を中心に，全社としては2,063百万円の設備投資となりました。

　なお，当連結会計年度において，重要な設備の除却，売却等はありません。

(point) **運転資金に長期借入金を活用**

　P.42を見ると長期借入金が増えており，新規に資金を調達したことがうかがえる。設備投資は自己資金でまかなっているため，運転資金に関する資金を調達したものと考えられる。営業利益率も下がっていることから，借入金を返済した後に事業活動を行っていくには自己資金のみでは十分ではないと考えていると見ることができる。

2 主要な設備の状況

(1) 提出会社

（2022年9月30日現在）

事業所名 （所在地）	セグメント の名称	設備の内容	土地面積 （㎡）	帳簿価額（百万円）					従業員数 （名）
				土地	建物及び 構築物	機械装置 及び運搬具	その他	合計	
本社工場 （静岡県浜松市東区）	光半導体	光半導体素子の製造 及び研究開発設備	(16,180) 60,570	2,116	6,609	1,854	776	11,357	872
三家工場 （静岡県磐田市）	光半導体	光半導体素子の製造 設備	(1,403) 27,814	795	1,107	711	66	2,681	282
新貝工場 （静岡県浜松市南区）	光半導体	光半導体素子の製造 設備	39,161	1,603	7,270	1,235	196	10,307	295
豊岡製作所 （静岡県磐田市）	電子管	光電子増倍管、イメー ジ機器及び光源の 製造及び研究開発設 備	(38,657) 109,813	1,393	12,778	3,012	781	17,964	1,162
常光製作所 （静岡県浜松市東区）	画像計測機 器	画像処理・計測装置 の製造及び研究開発 設備	(1,834) 25,753	1,690	2,621	137	490	4,939	468
都田製作所 （静岡県浜松市北区）	その他、全 社	半導体レーザの製造 及び研究開発設備	76,636	1,076	2,985	1,453	112	5,627	155
中央研究所 （静岡県浜松市 浜北区）	全社	研究開発用設備	166,236	4,402	2,026	101	324	6,854	350
産業開発研究所 （静岡県浜松市西区）	全社	研究開発用設備	174,584	572	1,353	156	112	2,196	20

（注）1　帳簿価額には建設仮勘定の金額を含んでおりません。

　　　2　土地の面積欄の（　）内は外書きで連結会社以外から賃借中のものであります。

　　　3　上記のほか，関係会社及び外注先などへの貸与設備があり，関係会社のうち，主な貸与先は高丘電子（株）及び（株）光素であります。

(2) 国内子会社

（2022年9月30日現在）

会社名	所在地	セグメント の名称	設備の内容	土地面積 （㎡）	帳簿価額（百万円）					従業員数 （名）
					土地	建物及び 構築物	機械装置 及び運搬具	その他	合計	
㈱光素	静岡県 磐田市	電子管	光源の製造設備	(4,793) 15,569	259	3,555	509	72	4,396	95
高丘電子㈱	静岡県 浜松市 中区	電子管	光電子増倍管 の製造設備	(1,024) 7,225	477	812	15	12	1,316	148
浜松電子プレス ㈱	静岡県 磐田市	電子管	光電子増倍管 用部品等の製 造設備	8,405	206	133	60	6	406	43
㈱磐田グランド ホテル	静岡県 磐田市	その他	宿泊設備	(7,743) -	-	-	-	3	3	36

（注）1　帳簿価額には建設仮勘定の金額を含んでおりません。

　　　2　土地の面積欄の（　）内は外書きで連結会社以外から賃借中のものであります。

(point) 売上原価上昇と給与アップで営業利益率が悪化

　売上高は増加しているものの，売上原価の割合が増加したこと，給料等が大幅に増加したために，営業利益率（売上高に対して，通常の営業活動から生み出される利益の割合がどの位かを示す）が減少している。前年度の営業利益率は17.9%であるが，当年度は16.4%であった。2011年9月期（21.4%）をピークに減少傾向にある。

(3) 在外子会社 ···

会社名	所在地	セグメントの名称	設備の内容	土地面積 (㎡)	帳簿価額（百万円）					従業員数 (名)
					土地	建物及び構築物	機械装置及び運搬具	その他	合計	
ホトニクス・マネージメント・コーポ	米国	全社	事務所用建物他	34,036	194	803	－	13	1,010	6
ハママツ・コーポレーション	米国	電子管、光半導体、画像計測機器	光センサモジュールの製造設備	17,758	86	835	180	144	1,247	245
ハママツ・ホトニクス・ドイチュラント・ゲー・エム・ベー・ハー	独国	電子管、光半導体、画像計測機器	事務所用建物他	13,873	197	1,074	5	284	1,562	98
ハママツ・ホトニクス・フランス・エス・ア・エール・エル	仏国	電子管、光半導体、画像計測機器	事務所用建物他	2,271	93	257	28	188	567	73
ハママツ・ホトニクス・ユー・ケイ・リミテッド	英国	電子管、光半導体、画像計測機器	事務所用建物他	2,150	112	28	3	22	166	55
北京浜松光子技術股份有限公司	中国	電子管、その他	光電子増倍管等の製造設備	－	－	974	802	1,142	2,919	516

(注) 1　帳簿価額には建設仮勘定の金額を含んでおりません。

　　 2　ホトニクス・マネージメント・コーポは，ハママツ・コーポレーションに対し，事務所用建物を賃貸しております。

(point) **最新技術開発を支える基礎研究に重点**

　P.44で研究開発費の内訳をみると，各事業部には配賦できない基礎研究に半分程度の研究開発費を投じており，これが浜松ホトニクスのような最新技術が求められる企業の特色ともいえる。なお，翌期（2014年9月期）は研究開発費の増加を予定しており，研究開発にさらに注力しようという姿勢がうかがえる。

3 設備の新設，除却等の計画

(1) 重要な設備の新設等 ···

有形固定資産の設備計画

| セグメントの名称 | 2022年9月末計画金額 | | 設備の内容 | 着工年月 | 完了予定年月 |
	予算金額 （百万円）	既支払額 （百万円）			
電子管事業	16,224	6,774	光電子増倍管、イメージ機器及び光源の製造用工場及び製造用設備	2022年10月	2023年9月
光半導体事業	26,017	717	光半導体素子の製造用工場及び製造用設備	2022年10月	2024年9月
画像計測機器事業	1,450	－	画像処理・計測装置の製造用設備	2022年10月	2023年9月
その他事業	13,877	77	半導体レーザーの製造用工場及び製造用設備、磐田グランドホテル	2022年10月	2024年9月
全社	5,400	－	基礎研究開発用設備	2022年10月	2024年9月
合計	62,968	7,568	－	－	－

(注)　上記設備計画に伴う今後の所要資金55,400百万円につきましては，主として自己資金により充当する予定であります。

(2) 重要な設備の除却等 ···

該当事項はありません。

(point) **為替変動の影響を受けやすい事業構造**

昨今のように為替レートが円安に推移しているときは，海外における価格競争力が増すと同時に，売上債権の換算替えによる為替差益も期待できるため，浜松ホトニクスの利益の追い風になりやすい。しかし，為替レートが円高傾向に振れた場合は，これと逆の事象が生じてしまう。

1 株式等の状況

(1) 株式の総数等 ······

① 株式の総数

種類	発行可能株式総数（株）
普通株式	500,000,000
計	500,000,000

② 発行済株式

種類	事業年度末現在 発行数（株） （2022年9月30日）	提出日現在 発行数（株） （2022年12月16日）	上場金融商品取引所名 又は登録認可金融商品 取引業協会名	内容
普通株式	165,052,729	165,052,729	東京証券取引所 プライム市場	権利内容に何ら限定のない当社における標準となる株式であり、単元株式数は100株であります。
計	165,052,729	165,052,729	―	―

---

point **最先端技術開発のためには無駄も覚悟**

当社のように技術力が重要視される企業では，常に最先端の技術を用いた新製品を生み出していかないと競争に敗れてしまう。そのため，すぐに収益に結びつかないような研究，もしくは画期的な開発ができずに無駄に終わってしまう可能性がある研究であっても，事業を継続していくためには一定の研究開発投資を行う必要がある。

■ 経理の状況

1　連結財務諸表及び財務諸表の作成方法について ⋯⋯⋯⋯⋯⋯⋯⋯⋯⋯

(1)　当社の連結財務諸表は，「連結財務諸表の用語，様式及び作成方法に関する規則」（1976年大蔵省令第28号）に基づいて作成しております。

(2)　当社の財務諸表は，「財務諸表等の用語，様式及び作成方法に関する規則」（1963年大蔵省令第59号。以下「財務諸表等規則」という。）に基づいて作成しております。

　　また，当社は，特例財務諸表提出会社に該当し，財務諸表等規則第127条の規定により財務諸表を作成しております。

2　監査証明について ⋯⋯⋯⋯⋯⋯⋯⋯⋯⋯⋯⋯⋯⋯⋯⋯⋯⋯⋯⋯⋯⋯⋯

　当社は，金融商品取引法第193条の2第1項の規定に基づき，連結会計年度（2021年10月1日から2022年9月30日まで）の連結財務諸表及び事業年度（2021年10月1日から2022年9月30日まで）の財務諸表について，EY新日本有限責任監査法人により監査を受けております。

3　連結財務諸表等の適正性を確保するための特段の取組みについて ⋯⋯⋯⋯⋯

　当社は連結財務諸表等の適正性を確保するための特段の取組みを行っております。具体的には，会計基準等の内容を適切に把握し，会計基準等の変更等に的確に対応できる体制を整備するため，公益財団法人財務会計基準機構へ加入しております。

(point) **生産能力向上を目指して設備投資を計画**

　継続的な新製品の投入および生産能力の増強のため，2014年以降も主力事業である電子管事業と光半導体事業における設備投資（新棟建物建設）が予定されている。

1 連結財務諸表等

(1) 連結財務諸表 ······································

① 連結貸借対照表

（単位：百万円）

	前連結会計年度 （2021年9月30日）	当連結会計年度 （2022年9月30日）
資産の部		
流動資産		
現金及び預金	※2 91,087	※2 125,999
受取手形及び売掛金	42,528	※3 49,751
有価証券	8,671	2,316
商品及び製品	9,106	11,458
仕掛品	23,885	31,920
原材料及び貯蔵品	11,410	15,698
その他	5,622	9,120
貸倒引当金	△193	△227
流動資産合計	192,120	246,038
固定資産		
有形固定資産		
建物及び構築物	※2,※4 101,281	※2,※4 108,566
減価償却累計額	△56,427	△60,641
建物及び構築物（純額）	※2,※4 44,853	※2,※4 47,925
機械装置及び運搬具	※4 96,518	※4 100,050
減価償却累計額	△84,512	△88,091
機械装置及び運搬具（純額）	※4 12,005	※4 11,958
工具、器具及び備品	※4 35,866	※4 37,814
減価償却累計額	△30,942	△32,468
工具、器具及び備品（純額）	※4 4,923	※4 5,345
土地	※2,※4 17,196	※2,※4 17,516
リース資産	839	911
減価償却累計額	△513	△667
リース資産（純額）	326	243
使用権資産	994	1,348
減価償却累計額	△382	△604
使用権資産（純額）	611	743
建設仮勘定	6,561	11,466
有形固定資産合計	86,479	95,200
無形固定資産		
顧客関連資産	1,734	1,873
その他	3,118	3,486
無形固定資産合計	4,853	5,359
投資その他の資産		
投資有価証券	※1 3,907	※1 3,711
繰延税金資産	11,587	12,913
投資不動産	1,603	1,618
減価償却累計額	△1,361	△1,421
投資不動産（純額）	242	197
その他	※1 2,505	※1 2,776
貸倒引当金	△19	△19
投資その他の資産合計	18,223	19,579
固定資産合計	109,556	120,139
資産合計	301,676	366,177

ⓟⓞⓘⓝⓣ 大きな売上増加は見込まず

　浜松ホトニクスは主に見込み生産を行っているため，来期販売予定の製品についても一部当期に生産している。P.26の生産実績表を見る限り，主力の電子管事業や光半導体事業についての生産高は横ばいであり，直近（翌期上半期など）での大きな売上増加は見込まれていないものとみえる。

	前連結会計年度 (2021年9月30日)	当連結会計年度 (2022年9月30日)
負債の部		
流動負債		
支払手形及び買掛金	7,371	8,129
電子記録債務	7,387	9,253
短期借入金	※2 3,507	※2 4,799
1年内返済予定の長期借入金	3,039	※2 2,098
未払法人税等	6,700	11,350
賞与引当金	5,814	7,926
その他	※2 18,473	※2,※3 25,964
流動負債合計	52,293	69,522
固定負債		
長期借入金	3,240	※2 4,630
繰延税金負債	583	544
退職給付に係る負債	6,903	8,363
その他	1,084	1,212
固定負債合計	11,811	14,751
負債合計	64,105	84,273
純資産の部		
株主資本		
資本金	35,008	35,048
資本剰余金	34,752	34,792
利益剰余金	185,206	217,195
自己株式	△20,797	△20,798
株主資本合計	234,170	266,239
その他の包括利益累計額		
その他有価証券評価差額金	1,191	921
繰延ヘッジ損益	—	△274
為替換算調整勘定	1,592	15,344
退職給付に係る調整累計額	△431	△1,666
その他の包括利益累計額合計	2,351	14,324
非支配株主持分	1,048	1,340
純資産合計	237,570	281,904
負債純資産合計	301,676	366,177

（point） **医療用や分析機器に活用される光半導体**

主な製品は Si フォトダイオードやフォト IC，イメージセンサ製品など。歯科用診断
装置などの医療用や分析機器など幅広く用いられている。

② 連結損益計算書及び連結包括利益計算書

連結損益計算書

（単位：百万円）

	前連結会計年度 （自 2020年10月1日 至 2021年9月30日）	当連結会計年度 （自 2021年10月1日 至 2022年9月30日）
売上高	169,026	※1 208,803
売上原価	※2 85,631	※2 96,421
売上総利益	83,395	112,381
販売費及び一般管理費		
運賃及び荷造費	1,504	1,961
広告宣伝費	646	922
給料	13,772	15,740
賞与引当金繰入額	1,854	2,478
退職給付費用	909	917
減価償却費	3,492	3,355
支払手数料	4,474	5,550
研究開発費	※3 11,367	※3 11,269
貸倒引当金繰入額	39	5
その他	11,015	13,196
販売費及び一般管理費合計	49,077	55,398
営業利益	34,318	56,983
営業外収益		
受取利息	198	223
受取配当金	53	56
固定資産賃貸料	88	131
投資不動産賃貸料	71	74
為替差益	－	671
持分法による投資利益	－	194
その他	417	796
営業外収益合計	829	2,147
営業外費用		
支払利息	53	82
不動産賃貸費用	110	94
為替差損	267	－
持分法による投資損失	3	－
その他	65	75
営業外費用合計	499	251
経常利益	34,648	58,879
特別利益		
固定資産売却益	※4 67	※4 27
補助金収入	805	517
投資有価証券売却益	5	－
厚生年金基金解散損失引当金戻入額	※5 164	－
特別利益合計	1,042	544

(point) **画像処理や計測装置を手がける画像計測機器事業**

　工業用，科学技術用のデジタルカメラが大きな割合を占める。その他，X線用ラインセンサーカメラや創薬用の画像計測製品などの製造販売も行っている。

	前連結会計年度 （自　2020年10月1日 　至　2021年9月30日）	当連結会計年度 （自　2021年10月1日 　至　2022年9月30日）
特別損失		
固定資産売却損	※6 0	※6 3
固定資産除却損	※6 70	※6 302
固定資産圧縮損	441	433
減損損失	※7 351	－
投資有価証券評価損	71	16
特別損失合計	935	755
税金等調整前当期純利益	34,755	58,668
法人税、住民税及び事業税	10,393	17,843
法人税等調整額	△862	△651
法人税等合計	9,530	17,191
当期純利益	25,225	41,476
非支配株主に帰属する当期純利益	171	181
親会社株主に帰属する当期純利益	25,053	41,295

連結包括利益計算書

（単位：百万円）

	前連結会計年度 （自　2020年10月1日 　至　2021年9月30日）	当連結会計年度 （自　2021年10月1日 　至　2022年9月30日）
当期純利益	25,225	41,476
その他の包括利益		
その他有価証券評価差額金	448	△269
繰延ヘッジ損益	－	△274
為替換算調整勘定	3,799	13,762
退職給付に係る調整額	712	△1,234
持分法適用会社に対する持分相当額	12	120
その他の包括利益合計	※ 4,972	※ 12,103
包括利益	30,198	53,579
（内訳）		
親会社株主に係る包括利益	29,958	53,267
非支配株主に係る包括利益	239	312

③ 連結株主資本等変動計算書

前連結会計年度（自　2020年10月1日　至　2021年9月30日）

（単位：百万円）

	株主資本				
	資本金	資本剰余金	利益剰余金	自己株式	株主資本合計
当期首残高	34,964	34,708	166,357	△20,795	215,234
当期変動額					
新株の発行	44	44			88
剰余金の配当			△6,203		△6,203
親会社株主に帰属する当期純利益			25,053		25,053
自己株式の取得				△1	△1
株主資本以外の項目の当期変動額（純額）					
当期変動額合計	44	44	18,849	△1	18,936
当期末残高	35,008	34,752	185,206	△20,797	234,170

	その他の包括利益累計額					非支配株主持分	純資産合計
	その他有価証券評価差額金	繰延ヘッジ損益	為替換算調整勘定	退職給付に係る調整累計額	その他の包括利益累計額合計		
当期首残高	742	–	△2,152	△1,144	△2,553	834	213,515
当期変動額							
新株の発行							88
剰余金の配当							△6,203
親会社株主に帰属する当期純利益							25,053
自己株式の取得							△1
株主資本以外の項目の当期変動額（純額）	448	–	3,744	712	4,905	213	5,118
当期変動額合計	448	–	3,744	712	4,905	213	24,055
当期末残高	1,191	–	1,592	△431	2,351	1,048	237,570

当連結会計年度（自　2021年10月1日　至　2022年9月30日）

（単位：百万円）

	株主資本				
	資本金	資本剰余金	利益剰余金	自己株式	株主資本合計
当期首残高	35,008	34,752	185,206	△20,797	234,170
当期変動額					
新株の発行	40	40			81
剰余金の配当			△9,306		△9,306
親会社株主に帰属する当期純利益			41,295		41,295
自己株式の取得				△0	△0
株主資本以外の項目の当期変動額（純額）					
当期変動額合計	40	40	31,988	△0	32,069
当期末残高	35,048	34,792	217,195	△20,798	266,239

	その他の包括利益累計額					非支配株主持分	純資産合計
	その他有価証券評価差額金	繰延ヘッジ損益	為替換算調整勘定	退職給付に係る調整累計額	その他の包括利益累計額合計		
当期首残高	1,191	－	1,592	△431	2,351	1,048	237,570
当期変動額							
新株の発行							81
剰余金の配当							△9,306
親会社株主に帰属する当期純利益							41,295
自己株式の取得							△0
株主資本以外の項目の当期変動額（純額）	△269	△274	13,751	△1,234	11,972	292	12,264
当期変動額合計	△269	△274	13,751	△1,234	11,972	292	44,333
当期末残高	921	△274	15,344	△1,666	14,324	1,340	281,904

point 財務諸表

　この項目では，連結ではなく単体の貸借対照表と，損益計算書の内訳を確認することができる。連結＝単体＋子会社なので，会社によっては単体の業績を調べて連結全体の業績予想のヒントにする場合があるが，あまりその必要性がある企業は多くない。

④　連結キャッシュ・フロー計算書

（単位：百万円）

	前連結会計年度 （自　2020年10月1日 至　2021年9月30日）	当連結会計年度 （自　2021年10月1日 至　2022年9月30日）
営業活動によるキャッシュ・フロー		
税金等調整前当期純利益	34,755	58,668
減価償却費	13,554	13,508
減損損失	351	―
貸倒引当金の増減額（△は減少）	27	2
賞与引当金の増減額（△は減少）	1,279	1,971
退職給付に係る負債の増減額（△は減少）	△184	△415
受取利息及び受取配当金	△252	△280
支払利息	53	82
為替差損益（△は益）	△120	△315
持分法による投資損益（△は益）	3	△194
有形固定資産売却損益（△は益）	△67	△24
有形固定資産除却損	70	302
売上債権の増減額（△は増加）	△8,961	△2,483
棚卸資産の増減額（△は増加）	17	△12,271
仕入債務の増減額（△は減少）	1,621	△1,138
その他	3,754	1,181
小計	45,903	58,593
利息及び配当金の受取額	252	280
利息の支払額	△53	△82
法人税等の支払額又は還付額（△は支払）	△6,189	△13,664
営業活動によるキャッシュ・フロー	39,913	45,126
投資活動によるキャッシュ・フロー		
定期預金の純増減額（△は増加）	1,915	4,721
有価証券の取得による支出	△1,290	△1,494
有価証券の償還による収入	1,290	1,494
有形固定資産の取得による支出	△17,814	△17,115
有形固定資産の売却による収入	120	60
無形固定資産の取得による支出	△882	△887
その他	△118	△109
投資活動によるキャッシュ・フロー	△16,778	△13,331
財務活動によるキャッシュ・フロー		
短期借入金の純増減額（△は減少）	2,006	1,310
長期借入れによる収入	―	3,543
長期借入金の返済による支出	△69	△3,094
配当金の支払額	△6,204	△9,302
その他	△208	△215
財務活動によるキャッシュ・フロー	△4,475	△7,759
現金及び現金同等物に係る換算差額	2,576	9,020
現金及び現金同等物の増減額（△は減少）	21,235	33,056
現金及び現金同等物の期首残高	68,773	90,008
現金及び現金同等物の期末残高	※ 90,008	※ 123,065

(point) **海外営業は海外子会社を通じて**

　　貸借対照表の売掛金の相手先は主に海外子会社である。これは海外子会社を通して海外の顧客に製品を販売するためで，連結財務諸表（P.42）においてはこのグループ間の売上，仕入取引は相殺されて，純粋な外部取引先との売上，仕入取引による金額が表示されている。

【注記事項】
（連結財務諸表作成のための基本となる重要な事項）
1 連結の範囲に関する事項 ・・・
（1） 連結子会社の数　21社
　　主要な連結子会社の名称
　　　ハママツ・コーポレーション
　　　浜松光子学商貿（中国）有限公司
　　　ハママツ・ホトニクス・ドイチュラント・ゲー・エム・ベー・ハー
　　　ハママツ・ホトニクス・フランス・エス・ア・エール・エル
（2） 非連結子会社の数　1社
　　非連結子会社の名称
　　　（株）浜松ホトアグリ
　　（連結の範囲から除いた理由）
　　　　非連結子会社は，小規模であり，総資産，売上高，当期純損益及び利益
　　剰余金等は，いずれも連結財務諸表に重要な影響を及ぼしていないためであ
　　ります。

2 持分法の適用に関する事項 ・・
（1） 持分法適用の関連会社数　4社
　　主要な関連会社の名称
　　　浜松光電（株）
（2） 持分法を適用していない非連結子会社（（株）浜松ホトアグリ）は，当期純
　　損益及び利益剰余金等からみて，持分法の対象から除いても連結財務諸表に及
　　ぼす影響が軽微であり，かつ，全体としても重要性がないため持分法の適用範
　　囲から除外しております。

3 連結子会社の事業年度等に関する事項 ・・・・・・・・・・・・・・・・・・・・・・・・・・・・
　　連結子会社の決算日は，北京浜松光子技術股份有限公司，浜松光子学商貿（中
　　国）有限公司，浜松光子学科学儀器（北京）有限公司，浜松光子科技（廊坊）有

（point）給与アップが利益を圧迫
　　当期総製造費用が減少している一方で，労務費だけが増加している。損益計算書の販
　　売費及び一般管理費の中で「給料」の金額が増加していたように，人件費の増加が利
　　益率を悪化させていた一因となっていると推察できる。

限公司及び（株）磐田グランドホテルを除いてすべて連結決算日と一致しております。

北京浜松光子技術股份有限公司，浜松光子学商貿（中国）有限公司，浜松光子学科学儀器（北京）有限公司及び浜松光子科技（廊坊）有限公司の決算日は12月31日でありますが，6月30日において仮決算を実施した

うえ連結財務諸表を作成しております。なお，連結決算日までの期間に発生した重要な取引については，連結上，必要な調整を行っております。

また，（株）磐田グランドホテルの決算日は3月31日でありますが，9月30日において仮決算を実施したうえ連結財務諸表を作成しております。

4 会計方針に関する事項 ⋯⋯⋯⋯⋯⋯⋯⋯⋯⋯⋯⋯⋯⋯⋯⋯⋯⋯⋯

(1) 重要な資産の評価基準及び評価方法 ⋯⋯⋯⋯⋯⋯⋯⋯⋯⋯⋯⋯⋯

有価証券

その他有価証券

市場価格のない株式等以外のもの

連結会計年度末日の市場価格等に基づく時価法（評価差額は全部純資産直入法により処理し，売却原価は総平均法により算定）

市場価格のない株式等

総平均法に基づく原価法

デリバティブ

時価法

棚卸資産

主として総平均法に基づく原価法（貸借対照表価額は収益性の低下に基づく簿価切下げの方法により算定）によっております。

(2) 重要な減価償却資産の減価償却の方法 ⋯⋯⋯⋯⋯⋯⋯⋯⋯⋯⋯⋯

有形固定資産及び投資不動産（リース資産を除く）

当社及び国内連結子会社は定率法を採用し，海外連結子会社は主として定額法によっております。

(point) **将来の期待を織り込む株価**

営業利益は減少傾向にある中で，株価収益率（株価÷1株当たり利益。株価が割高か割安かを図る指標。PER。）は上昇しており，株価が割高となっていることを示している。浜松ホトニクスの高い技術力に加え，今後需要が高まると見られる医療分野に強いことが将来への期待へとつながり，割高となっている一因ともなっている。

無形固定資産

　　主として定額法によっております。

　　ただし，当社及び国内連結子会社が所有する市場販売目的のソフトウエアについては，見込販売数量に基づく償却額と残存有効期間（3年以内）に基づく均等配分額とを比較し，いずれか大きい額を計上しております。また，顧客関連資産については，効果の及ぶ期間（10年）に基づく定額法によっております。

リース資産

　　リース期間を耐用年数とし，残存価額を零とする定額法によっております。

使用権資産

　　リース期間を耐用年数とし，残存価額を零とする定額法によっております。

(3)　重要な引当金の計上基準

貸倒引当金

　　債権の貸倒れによる損失に備えるため，一般債権については貸倒実績率により，貸倒懸念債権等特定の債権については，個別に回収可能性を検討し，回収不能見込額を計上しております。

賞与引当金

　　当社及び連結子会社の一部は，従業員の賞与の支給に充てるため，支給見込額を計上しております。

(4)　退職給付に係る会計処理の方法 ･･････････････････････････････････････

① 退職給付見込額の期間帰属方法

　退職給付債務の算定にあたり，退職給付見込額を当連結会計年度末までの期間に帰属させる方法については，主として給付算定式基準によっております。

② 数理計算上の差異及び過去勤務費用の費用処理方法

　過去勤務費用については，主としてその発生時における従業員の平均残存勤務期間以内の一定の年数（10年）による定額法により費用処理しております。

　数理計算上の差異については，主として各連結会計年度の発生時における従業

(point) **筆頭株主はトヨタ自動車**

　　発行済株式総数のうち，他の株主に比して，高い割合でトヨタ自動車が株式を所有している。レーザー核融合分野で共同研究を行うなど，トヨタ自動車と安川電機は連携関係にあることによるものである。

員の平均残存勤務期間以内の一定の年数（10年）による定額法により按分した額をそれぞれ発生の翌連結会計年度から費用処理しております。

③ **未認識数理計算上の差異及び未認識過去勤務費用の会計処理方法**

未認識数理計算上の差異及び未認識過去勤務費用については，税効果を調整のうえ，純資産の部におけるその他の包括利益累計額の退職給付に係る調整累計額に計上しております。

(5) 重要な収益及び費用の計上基準

当社グループは医療機器分野及び産業用機器分野をはじめ様々な分野に向けた製品販売を行っております。当社グループ製品の多くは顧客製品のコンポーネントとして販売されるため，顧客への引渡しと同時に支配が移転するものであります。しかし，画像計測機器事業では完成品として販売している場合があり，これには据付や調整といった履行義務が伴う契約があります。

国内販売においては，主に出荷時から当該製品の支配が顧客に移転するまでの期間が通常の期間であることから，出荷時に収益を認識しております。

輸出販売においては，主にインコタームズ等で定められた貿易条件に基づきリスク負担が顧客に移転した時に収益を認識しております。

ただし，画像計測機器事業の一部製品の国内販売及び輸出販売は据付等の役務提供が完了し顧客が検収した時点で収益を認識しております。

(6) 重要な外貨建の資産又は負債の本邦通貨への換算の基準

外貨建金銭債権債務は，連結決算日の直物為替相場により円貨に換算し，換算差額は損益として処理しております。なお，海外連結子会社等の資産及び負債は，連結決算日の直物為替相場により円貨に換算し，収益及び費用は期中平均相場により円貨に換算し，換算差額は純資産の部における為替換算調整勘定及び非支配株主持分に含めております。

(7) 重要なヘッジ会計の方法

①ヘッジ会計の方法

外貨建の予定取引の為替リスクのヘッジについて繰延ヘッジ処理を行っております。

②ヘッジ手段とヘッジ対象

　ヘッジ手段

　　先物為替予約

　ヘッジ対象

　　外貨建の予定取引

③ヘッジ方針

　為替相場の変動による外貨建取引のリスクを軽減するために，ヘッジ対象に対する為替相場の変動リスクを実需の範囲内でヘッジすることとしております。

④ヘッジ有効性の評価

　為替相場の変動によるキャッシュ・フローの変動を完全に相殺するものと想定されるため，有効性評価は省略しております。

(8) のれんの償却方法及び償却期間

　のれんの償却につきましては，10年以内の一定の年数により均等償却を行っております。

　なお，金額が僅少な場合には発生年度に全額を償却しております。

(9) 連結キャッシュ・フロー計算書における資金の範囲

　連結キャッシュ・フロー計算書における資金（現金及び現金同等物）は，手許現金，随時引き出し可能な預金及び容易に換金可能であり，かつ，価値の変動について僅少なリスクしか負わない取得日から3ヶ月以内に償還期限の到来する短期投資からなっております。

（重要な会計上の見積り）

　（棚卸資産の評価）

（1）　当連結会計年度の連結財務諸表に計上した金額 ·······························

（単位：百万円）

科　　　目	前連結会計年度	当連結会計年度
商品及び製品	9,106	11,458
仕掛品	23,885	31,920
原材料及び貯蔵品	11,410	15,698
合　　　計	44,403	59,077

（注）　上記の表には，当社の保有する棚卸資産が，前連結会計年度35,726百万円（連結総資産の11.8％），
当連結会計年度47,884百万円（連結総資産の13.1％）含まれております。

（2）　識別した項目に係る重要な会計上の見積りの内容に関する情報 ·············

　棚卸資産の評価は，原価法（貸借対照表価額は収益性の低下に基づく簿価切下げの方法）によっております。棚卸資産のうち，保守目的で保有するスペアパーツ及び大量一括購入による原材料等は，経営環境の変化等を原因として営業循環過程から外れた場合，滞留棚卸資産となり最終的には廃棄される可能性があります。営業循環過程から外れた滞留棚卸資産については，収益性の低下を反映するために，滞留期間ごとに一定の評価減割合を設定し，帳簿価額を切下げる方法を採用しております。当社において帳簿価額切下げの対象となる滞留棚卸資産は当連結会計年度末1,451百万円（前連結会計年度末1,278百万円）あり，そのうち滞留棚卸資産に対する評価減928百万円（同844百万円）を計上しています。ただし，経営環境の変化等により，滞留期間ごとの一定の評価減割合を変動させる必要がある場合，翌連結会計年度の連結財務諸表に計上される棚卸資産の金額に重要な影響を与える可能性があります。

（会計方針の変更）

　（収益認識に関する会計基準等の適用）

　「収益認識に関する会計基準」（企業会計基準第29号　2020年3月31日。以下「収益認識会計基準」という。）等を当連結会計年度の期首から適用し，約束した財又はサービスの支配が顧客に移転した時点で，当該財又はサービスと交換に

受け取ると見込まれる金額で収益を認識することとしております。

　この結果，当連結会計年度の損益に与える影響は軽微であります。

　収益認識会計基準等の適用については，収益認識会計基準第84項ただし書きに定める経過的な取扱いに従っておりますが，利益剰余金の当期首残高に与える影響はありません。

　なお，収益認識会計基準第89－3項に定める経過的な取扱いに従って，前連結会計年度に係る「注記事項（収益認識関係）」については記載しておりません。

（時価の算定に関する会計基準等の適用）

　「時価の算定に関する会計基準」（企業会計基準第30号 2019年7月4日。以下「時価算定会計基準」という。）等を当連結会計年度の期首から適用し，時価算定会計基準第19項及び「金融商品に関する会計基準」（企業会計基準第10号 2019年7月4日）第44－2項に定める経過的な取扱いに従って，時価算定会計基準等が定める新たな会計方針を，将来にわたって適用することといたしました。なお，連結財務諸表に与える影響はありません。

　また，「注記事項（金融商品関係）」において，金融商品の時価のレベルごとの内訳等に関する事項等の注記を行うことといたしました。ただし，「金融商品の時価等の開示に関する適用指針」（企業会計基準適用指針第19号 2019年7月4日）第7-4項に定める経過的な取扱いに従って，当該注記のうち前連結会計年度に係るものについては記載しておりません。

（表示方法の変更）

（連結損益計算書）

　前連結会計年度において，独立掲記していた「営業外収益」の「作業くず売却益」は，営業外収益の総額の100分の10以下となったため，当連結会計年度より「その他」に含めて表示しております。この表示方法の変更を反映させるため，前連結会計年度の連結財務諸表の組替えを行っております。

　この結果，前連結会計年度の連結損益計算書において，「営業外収益」の「作業くず売却益」に表示していた105百万円は，「その他」として組み替えておりま

す。

（追加情報）

（会計上の見積りに対する新型コロナウイルス感染症の影響について）

新型コロナウイルス感染症の収束時期を予測することは困難であり，再拡大等依然不透明な状況の中で推移していると認識しております。そのような状況のなか，各業界向けの売上げは順調に増加しており，新型コロナウイルス感染症の当社グループへの影響は限定的であるとの仮定を置いて固定資産の減損や繰延税金資産の回収可能性等に係る会計上の見積りを行っております。

（ロシア・ウクライナ情勢の影響について）

ロシア・ウクライナ情勢については，経済制裁や各国規制に基づく営業活動への影響及び資源価格の高騰による影響が懸念されますが，当社グループの業績及び財政状態に与える影響は会計上の見積りも含めいずれも軽微と見込んでおります。

2 財務諸表等

(1) 財務諸表 ···

① 貸借対照表

（単位：百万円）

	前事業年度 （2021年9月30日）	当事業年度 （2022年9月30日）
資産の部		
流動資産		
現金及び預金	※2 52,300	※2 68,823
受取手形	6,261	6,877
売掛金	※1 32,441	※1 37,296
有価証券	8,000	―
商品及び製品	2,487	3,439
仕掛品	23,002	30,534
原材料及び貯蔵品	10,236	13,910
未収入金	※1 3,627	※1 5,728
その他	※1 349	※1 1,021
貸倒引当金	△42	△49
流動資産合計	138,666	167,582
固定資産		
有形固定資産		
建物	※3 37,436	※3 37,089
構築物	※3 1,866	※3 1,827
機械及び装置	※3 11,098	※3 10,299
車両運搬具	※3 13	※3 14
工具、器具及び備品	※3 3,385	※3 3,368
土地	※3 15,398	※3 16,103
リース資産	286	214
建設仮勘定	4,946	11,093
有形固定資産合計	74,433	80,011
無形固定資産		
特許権	78	60
ソフトウエア	854	1,075
その他	25	24
無形固定資産合計	958	1,160
投資その他の資産		
投資有価証券	2,555	2,178
関係会社株式	8,829	8,829
出資金	0	0
関係会社出資金	1,657	1,657
繰延税金資産	9,939	10,949
投資不動産	※4 224	※4 180
その他	629	561
貸倒引当金	△19	△19
投資その他の資産合計	23,816	24,339
固定資産合計	99,208	105,511
資産合計	237,875	273,093

(単位：百万円)

	前事業年度 （2021年9月30日）	当事業年度 （2022年9月30日）
負債の部		
流動負債		
電子記録債務	7,387	9,253
買掛金	※1 7,060	※1 8,840
1年内返済予定の長期借入金	3,000	2,000
リース債務	165	144
未払金	※1 3,212	※1 3,299
未払費用	1,142	1,314
未払法人税等	5,461	9,178
前受金	15	345
預り金	277	309
賞与引当金	4,960	6,863
設備関係電子記録債務	3,531	6,758
従業員預り金	※2 2,173	※2 2,484
その他	106	44
流動負債合計	38,495	50,835
固定負債		
長期借入金	3,000	4,000
リース債務	155	98
退職給付引当金	5,739	5,428
関係会社事業損失引当金	698	662
資産除去債務	257	176
為替予約	－	391
その他	215	129
固定負債合計	10,065	10,886
負債合計	48,561	61,722
純資産の部		
株主資本		
資本金	35,008	35,048
資本剰余金		
資本準備金	34,716	34,757
資本剰余金合計	34,716	34,757
利益剰余金		
利益準備金	695	695
その他利益剰余金		
配当準備積立金	6,500	9,000
別途積立金	110,600	115,600
繰越利益剰余金	21,395	36,416
利益剰余金合計	139,191	161,712
自己株式	△20,793	△20,794
株主資本合計	188,122	210,724
評価・換算差額等		
その他有価証券評価差額金	1,191	921
繰延ヘッジ損益	－	△274
評価・換算差額等合計	1,191	646
純資産合計	189,314	211,370
負債純資産合計	237,875	273,093

② 損益計算書

（単位：百万円）

	前事業年度 （自 2020年10月1日 至 2021年9月30日）	当事業年度 （自 2021年10月1日 至 2022年9月30日）
売上高	※1 134,192	※1 165,215
売上原価	※1 80,875	※1 92,241
売上総利益	53,316	72,974
販売費及び一般管理費	※1,※2 32,392	※1,※2 34,500
営業利益	20,924	38,473
営業外収益		
受取利息	4	6
受取配当金	2,857	4,359
投資不動産賃貸料	62	62
為替差益	53	149
雑収入	315	633
営業外収益合計	3,294	5,210
営業外費用		
支払利息	33	37
不動産賃貸費用	107	90
雑損失	18	11
営業外費用合計	159	139
経常利益	24,059	43,545
特別利益		
固定資産売却益	※3 38	※3 4
補助金収入	805	517
投資有価証券売却益	5	－
厚生年金基金解散損失引当金戻入額	164	－
特別利益合計	1,013	521
特別損失		
固定資産除却損	※4 45	※4 259
固定資産圧縮損	441	433
減損損失	351	－
投資有価証券評価損	48	2
関係会社株式評価損	19	－
関係会社事業損失引当金繰入額	148	－
特別損失合計	1,054	695
税引前当期純利益	24,018	43,371
法人税、住民税及び事業税	7,018	12,323
法人税等調整額	△1,027	△779
法人税等合計	5,990	11,544
当期純利益	18,027	31,827

③ 株主資本等変動計算書

前事業年度（自　2020年10月1日　至　2021年9月30日）

（単位：百万円）

	株主資本								
	資本金	資本剰余金		利益剰余金					
		資本準備金	資本剰余金合計	利益準備金	その他利益剰余金				利益剰余金合計
					特別償却準備金	配当準備積立金	別途積立金	繰越利益剰余金	
当期首残高	34,964	34,672	34,672	695	1	6,500	102,600	17,570	127,366
当期変動額									
新株の発行	44	44	44						−
特別償却準備金の取崩					△1			1	−
配当準備積立金の積立									−
別途積立金の積立							8,000	△8,000	−
剰余金の配当								△3,101	△3,101
剰余金の配当（中間配当）								△3,101	△3,101
当期純利益								18,027	18,027
自己株式の取得									
株主資本以外の項目の当期変動額（純額）									
当期変動額合計	44	44	44	−	△1		8,000	3,825	11,824
当期末残高	35,008	34,716	34,716	695	−	6,500	110,600	21,395	139,191

	株主資本		評価・換算差額等			純資産合計
	自己株式	株主資本合計	その他有価証券評価差額金	繰延ヘッジ損益	評価・換算差額等合計	
当期首残高	△20,791	176,211	742	−	742	176,954
当期変動額						
新株の発行		88				88
特別償却準備金の取崩		−				−
配当準備積立金の積立		−				−
別途積立金の積立		−				−
剰余金の配当		△3,101				△3,101
剰余金の配当（中間配当）		△3,101				△3,101
当期純利益		18,027				18,027
自己株式の取得	△1	△1				△1
株主資本以外の項目の当期変動額（純額）			448	−	448	448
当期変動額合計	△1	11,910	448	−	448	12,359
当期末残高	△20,793	188,122	1,191	−	1,191	189,314

当事業年度（自　2021年10月1日　至　2022年9月30日）

（単位：百万円）

	株主資本								
	資本金	資本剰余金		利益剰余金					
		資本準備金	資本剰余金合計	利益準備金	その他利益剰余金				利益剰余金合計
					特別償却準備金	配当準備積立金	別途積立金	繰越利益剰余金	
当期首残高	35,008	34,716	34,716	695	—	6,500	110,600	21,395	139,191
当期変動額									
新株の発行	40	40	40						—
特別償却準備金の取崩									—
配当準備積立金の積立						2,500		△2,500	
別途積立金の積立							5,000	△5,000	
剰余金の配当								△4,342	△4,342
剰余金の配当（中間配当）								△4,963	△4,963
当期純利益								31,827	31,827
自己株式の取得									
株主資本以外の項目の当期変動額（純額）									
当期変動額合計	40	40	40	—	—	2,500	5,000	15,021	22,521
当期末残高	35,048	34,757	34,757	695	—	9,000	115,600	36,416	161,712

| | 株主資本 | | 評価・換算差額等 | | | 純資産合計 |
	自己株式	株主資本合計	その他有価証券評価差額金	繰延ヘッジ損益	評価・換算差額等合計	
当期首残高	△20,793	188,122	1,191	—	1,191	189,314
当期変動額						
新株の発行		81				81
特別償却準備金の取崩		—				—
配当準備積立金の積立		—				—
別途積立金の積立		—				—
剰余金の配当		△4,342				△4,342
剰余金の配当（中間配当）		△4,963				△4,963
当期純利益		31,827				31,827
自己株式の取得	△0	△0				△0
株主資本以外の項目の当期変動額（純額）			△269	△274	△544	△544
当期変動額合計	△0	22,601	△269	△274	△544	22,056
当期末残高	△20,794	210,724	921	△274	646	211,370

【注記事項】

（重要な会計方針）

1　有価証券の評価基準及び評価方法 ……………………………………………

子会社株式及び関連会社株式

総平均法に基づく原価法

その他有価証券

市場価格のない株式等以外のもの

事業年度末日の市場価格等に基づく時価法（評価差額は全部純資産直入
法により処理し，売却原価は総平均法により算定）

市場価格のない株式等

総平均法に基づく原価法

2　デリバティブの評価基準及び評価方法 ……………………………………

デリバティブ

時価法

3　棚卸資産の評価基準及び評価方法 …………………………………………

評価基準は原価法（貸借対照表価額は収益性の低下に基づく簿価切下げの方法
により算定）によっております。

（1）　商品，製品，仕掛品及び原材料 …………………………………………

総平均法

（2）　貯蔵品 ………………………………………………………………………

最終仕入原価法

4　固定資産の減価償却の方法 …………………………………………………

（1）　有形固定資産及び投資不動産（リース資産を除く）……………………

定率法を採用しております。

なお，主な耐用年数は建物が3年〜50年，機械及び装置が3年〜17年であり
ます。

(2) 無形固定資産 ···

　ソフトウエア以外の無形固定資産の減価償却方法は，定額法によっております。市場販売目的のソフトウエアについては，見込販売数量に基づく償却額と残存有効期間（3年以内）に基づく均等配分額とを比較し，いずれか大きい額を計上しております。

(3) リース資産 ···

　リース期間を耐用年数とし，残存価額を零とする定額法によっております。

5　外貨建の資産及び負債の本邦通貨への換算基準 ·······························

　外貨建金銭債権債務は，事業年度末日の直物為替相場により円貨に換算し，換算差額は損益として処理しております。

6　引当金の計上基準 ···

(1) 貸倒引当金 ···

　債権の貸倒れによる損失に備えるため，一般債権については貸倒実績率により，貸倒懸念債権等特定の債権については，個別に回収可能性を検討し，回収不能見込額を計上しております。

(2) 賞与引当金 ···

　従業員の賞与の支給に充てるため，支給見込額を計上しております。

(3) 退職給付引当金 ···

　従業員の退職給付に備えるため，当事業年度末における退職給付債務及び年金資産の見込額に基づき計上しております。

① 退職給付見込額の期間帰属方法

　退職給付債務の算定にあたり，退職給付見込額を当事業年度末までの期間に帰属させる方法については，給付算定式基準によっております。

② 数理計算上の差異及び過去勤務費用の費用処理方法

　過去勤務費用については，その発生時における従業員の平均残存勤務期間以内の一定の年数（10年）による定額法により費用処理しております。

　数理計算上の差異については，各事業年度の発生時における従業員の平均残存

勤務期間以内の一定の年数（10年）による定額法により按分した額を，それぞれ発生の翌事業年度から費用処理しております。

(4) 関係会社事業損失引当金

関係会社の事業に係る損失に備えるため，関係会社の財政状態等を勘案して，当社が負担することとなる損失の見込額を計上しております。

7 収益及び費用の計上基準

当社は医療機器分野及び産業用機器分野をはじめ様々な分野に向けた製品販売を行っております。当社製品の多くは顧客製品のコンポーネントとして販売されるため，顧客への引渡しと同時に支配が移転するものであります。しかし，画像計測機器事業では完成品として販売している場合があり，これには据付や調整といった履行義務が伴う契約があります。

国内販売においては，主に出荷時から当該製品の支配が顧客に移転するまでの期間が通常の期間であることから，出荷時に収益を認識しております。

輸出販売においては，主にインコタームズ等で定められた貿易条件に基づきリスク負担が顧客に移転した時に収益を認識しております。ただし，画像計測機器事業の一部製品の国内販売及び輸出販売は据付等の役務提供が完了し顧客が検収した時点で収益を認識しております。

8 その他財務諸表作成のための基本となる重要な事項

(1) 退職給付に係る会計処理

退職給付に係る未認識数理計算上の差異及び未認識過去勤務費用の未処理額の会計処理の方法は，連結財務諸表におけるこれらの会計処理の方法と異なっております。

(2) ヘッジ会計の方法

①ヘッジ会計の方法

外貨建の予定取引の為替リスクのヘッジについて繰延ヘッジ処理を行っております。

②ヘッジ手段とヘッジ対象

ヘッジ手段

　先物為替予約

ヘッジ対象

　外貨建の予定取引

③ヘッジ方針

　為替相場の変動による外貨建取引のリスクを軽減するために，ヘッジ対象に対する為替相場の変動リスクを実需の範囲内でヘッジすることとしております。

④ヘッジ有効性の評価

　為替相場の変動によるキャッシュ・フローの変動を完全に相殺するものと想定されるため，有効性評価は省略しております。

（重要な会計上の見積り）

（棚卸資産の評価）

（1）　当事業年度の財務諸表に計上した金額 ·······················

（単位：百万円）

科　　　目	前事業年度	当事業年度
商品及び製品	2,487	3,439
仕掛品	23,002	30,534
原材料及び貯蔵品	10,236	13,910
合　　　計	35,726	47,884

（2）　識別した項目に係る重要な会計上の見積りの内容に関する情報 ············

　連結財務諸表「注記事項（重要な会計上の見積り）」の内容と同一であります。

（会計方針の変更）

（収益認識に関する会計基準等の適用）

　「収益認識に関する会計基準」（企業会計基準第29号　2020年3月31日。以下「収益認識会計基準」という。）等を当事業年度の期首から適用し，約束した財又はサービスの支配が顧客に移転した時点で，当該財又はサービスと交換に受け取ると見込まれる金額で収益を認識することとしております。

この結果，当事業年度の損益に与える影響は軽微であります。

収益認識会計基準等の適用については，収益認識会計基準第84項ただし書きに定める経過的な取扱いに従っておりますが，利益剰余金の当期首残高に与える影響はありません。

（時価の算定に関する会計基準等の適用）

「時価の算定に関する会計基準」（企業会計基準第30号　2019年7月4日。以下「時価算定会計基準」という。）等を当事業年度の期首から適用し，時価算定会計基準第19項及び「金融商品に関する会計基準」（企業会計基準第10号　2019年7月4日）第44－2項に定める経過的な取扱いに従って，時価算定会計基準等が定める新たな会計方針を，将来にわたって適用することといたしました。なお，財務諸表に与える影響はありません。

（追加情報）

（会計上の見積りに対する新型コロナウイルス感染症の影響について）

新型コロナウイルス感染症の収束時期を予測することは困難であり，再拡大等依然不透明な状況の中で推移していると認識しております。そのような状況のなか，各業界向けの売上げは順調に増加しており，新型コロナウイルス感染症の当社への影響は限定的であるとの仮定を置いて固定資産の減損や繰延税金資産の回収可能性等に係る会計上の見積りを行っております。

（ロシア・ウクライナ情勢の影響について）

ロシア・ウクライナ情勢については，経済制裁や各国規制に基づく営業活動への影響及び資源価格の高騰による影響が懸念されますが，当社の業績及び財政状態に与える影響は会計上の見積りも含めいずれも軽微と見込んでおります。

第2章

機械業界の"今"を知ろう

企業の募集情報は手に入れた。しかし，それだけでは
まだ不十分。企業単位ではなく，業界全体を俯瞰する
視点は，面接などでもよく問われる重要ポイントだ。
この章では直近1年間の運輸業界を象徴する重大
ニュースをまとめるとともに，今後の展望について言
及している。また，章末には運輸業界における有名企
業（一部抜粋）のリストも記載してあるので，今後の就
職活動の参考にしてほしい。

▶▶高い技術でつくる，産業の基礎

機械 業界の動向

　「機械」は，自動車や建設などあらゆる産業の製造に関わる業種である。船舶や航空エンジンなどを作る「重機」，建設・土木に必要な機械を作る「建設機械」，部品を加工する機械（マザーマシン）を作る「工作機械」，組み立てや溶接作業を行うロボットを作る「産業用ロボット」などがある。

❖ 重機業界の動向

　総合重機メーカーの主要6社は，造船を出発点として，そこで培ったさまざまな技術を応用展開させることで，事業を多角化してきたという経緯がある。そのため，各社の手がける製品は，発電設備や石油精製・水処理といった各種プラント，橋梁などの交通インフラ，航空・宇宙産業と多岐に渡る。世界の造船建造は減少する一方で，業界の大型再編と価格競争が激化しており，韓国では現代重工業と大宇造船海洋が統合に向け動き，中国勢も国有造船2社が合併交渉に入った。

　発電においては，再生可能エネルギー，とくに風力発電の分野では，洋上風力発電が造船の技術や設備を生かせる新市場として注目されている。また，プラント業界では，米国のシェールガスをはじめとする液化天然ガス（LNG）プラントなど，エネルギー関連の需要が世界的に拡大中であるが，依然として採算管理に問題がある。

●鉄道・航空産業にもコロナの影響も回復傾向

　鉄道各社がバブル期に導入した車両が更新時期を迎え，2020年代の日本の鉄道メーカーはその需要に応えるだけで安定して好調を維持していけると思われていた。しかし，新型コロナウイルスの影響で鉄道各社の業績は著しく悪化し，資金確保のために新規車両の発注が抑えられた。

　2023年時点でコロナの影響はほぼなくなりつつあるが，テレワーク等の

浸透で自宅作業が増え，定期券利用は元の水準には戻らない見込みだ。

　新型コロナウイルスの影響は，世界中に波及した。欧州鉄道産業連盟（UNIFE）によれば，世界の鉄道産業の市場規模は2015～17年の平均で約20兆円としており，21～23年まで年率2.7％で成長する見通しとしていたが，こちらもスピード減を余儀なくされている。

　国内の需要はインバウンド頼みの状態だが，欧州や北米などの設備更新の需要は順調に推移している。引き続き海外需要をうまく取り込んでいけるかが国内メーカーには問われている。

　国際的には，仏のアルストム，独のシーメンス，カナダのボンバルディアが「ビッグ3」と言われてきたが，アルストムとシーメンスは事業統合し，近年では中国の中国中車が売上高4兆円を伺う世界最大手となっている。日本では，英国での実績に加え，イタリアの車両メーカー，信号機メーカーを傘下に収めて欧州で存在感を増す日立製作所と，米国主要都市の地下鉄でシェア1位を誇る川崎重工業が業界を牽引している。

　航空機産業も格安航空会社（LCC）の普及や新興国への新規路線就航のほか，既存機の更新需要もあり成長著しかったが，鉄道以上の打撃を新型コロナウイルスにより受けることになった。感染拡大に伴う渡航制限で旅行需要が激減し，LCCを中心に破綻やキャンセルが続出。米ボーイング社や欧州エアバスは主力機で減産計画および人員削減を発表。IHIや川崎重工といった国内メーカーにもその影響が及ぶとされている。

❖ 建設機械業界の動向

　日本の建設機械会社は，米のキャタピラー社に次いで世界2位のコマツ，大型ショベルやダンプなどを幅広く手がける国内2位の日立建機のほか，フォークリフトの豊田自動織機や，ミニショベルのクボタなど，特定の分野に特化した技術によって，世界で独自の地位を確立している中堅メーカーも多く存在する。

　工場などの新設に伴って受注が増える建設機械は，景気動向の指標となる業界として，常に注目されている。日本建設機械工業会によれば，2021年度の建設機械出荷額は前年度19.4％増の3兆4768億円だった。欧米などのインフラ・住宅投資の拡大や資源価格の上昇による鉱山機械の需要があがったことが大きい。

●国交省主導のアイ・コンストラクション（建設生産性革命）

　2016年4月，国土交通省は土木工事にICT（情報通信技術）を活用する「アイ・コンストラクション（建設生産性革命）」の導入を表明した。これは，ドローンによる3次元測量やICT建機による施工などによって，建設現場の作業を効率化し，生産性を向上させる取り組みのことを指す。ICTは，建設工事の，調査・測量，設計，施工，監督，検査，維持管理というそれぞれの工程において，GPSや無線LAN，スマートフォンなどを使って入手した電子情報を活用して高効率・高精度の処理（施工）を行い，さらに各工程の処理時に得られた電子情報を他の工程で共有・活用することで，各工程はもちろん，工事全体の生産性の向上や品質の確保などを図る技術である。

　これを受けて，国内大手各社も，ICTを生かした機械やサービスの開発に力を注いでいる。コマツが提供を始めた自動運航するドローンの測量サービスは，設現場での高速データ処理技術により，ドローンが撮影した写真から3次元（3D）の測量データを約30分で生成し，工事の進捗管理に役立てるもの。そのほか，住友建機は道路舗装用機械のICT対応を，日本キャタピラーは土砂などの積載量を計測する技術や事故防止対策を訴求するなど，さまざまな提案がなされている。

❖ 工作機械業界の動向

　工作機械は「機械をつくる機械」や「マザーマシン」などと呼ばれ，プログラムに沿って金属の塊を削り，自動車や電子機器の部品や金型を作り出す。製造業には欠かせない装置であり，企業の設備投資の多寡が業績に直結する。そんな日本の工作機械産業は，少数の大手メーカーと，特殊分野で精度の高さを誇る中堅が多数を占める。

　2022年の受注額は1兆7596億円と前年比14％増と，過去2番目の高水準となった。新型コロナウイルス禍で先送りとなっていた設備需要の回復や，電気自動車の普及に伴う関連投資に加え，工程集約の自動化ニーズの高まりで需要が拡大した。

● 第四次産業革命を想定した，新たな潮流

　ドイツと並んで世界トップとされる日本メーカーの技術力だが，多品種少量生産の加速，製造現場の人材不足を背景に，機械単体の性能や高信頼性だけでは優位に立つことが難しくなっている。クラウドやAI（人工知能）など，高度な通信機能で相互に情報伝達する「IoT」（Internet of Things）の波は，工作機械業界にも及んでおり，一元管理の可能な製品やサービスが次々に登場している。パッケージとして導入すれば，生産データの収集や稼働監視，状態診断などに必要なセンサやソフトウエアがすべて構築済みで提供され，ユーザーは意識することなくIoTを活用できる。

　IoTは，社会インフラの仕組みをドラスティックに変え，「第四次産業革命」を促す新技術とも言われている。2016年3月，経済産業省は日本の産業が目指す姿を示すコンセプトとして「コネクテッド・インダストリーズ（CI）」を発表した。これは，さまざまなつながりで新たな付加価値が創出される産業社会のことで，日本の強みである高い技術力や現場力を活かして，協働や共創，技能や知恵の継承を目指す。このような流れを受けて，メーカー各社は近年，IT企業と協業しIoTプラットフォームの構築・提供を進めている。業界大手のDMG森精機と日本マイクロソフト，オークマとGEデジタルが提携を発表するなど，次世代を見据えた変革が始まっている。

❖ 産業用ロボット業界の動向

　溶接や組み立て，塗装などに活用される産業用ロボットは，人間の腕のように複数の関節を持つ「多関節ロボット」と，電子部品を基板に載せる「チップマウンター（電子部品実装機）」に分類される。多関節ロボットは，国内では安川電機とファナック，海外ではスイスのABBとドイツのKUKAが，世界4強である。実装機では，パナソニックや富士機械製造が中心となっている。

　近年，IoT（モノのインターネット）やAI（人工知能）といったデジタル技術を背景に，各社とも，設備のネットワーク化，データのクラウド化などIoTプラットフォームの開発を進めている。2016年，中国の美的集団がKUKAを買収するなど，中国も国策として第四次産業革命への布石を打っている。経済産業省も「コネクテッド・インダストリーズ」戦略を打ち出し

ており，世界での競争も踏まえ，AIの活用，企業間でのデータの共有利用
など，今後の進展が期待される。

●数年に渡る好調に陰りも自動化需要は拡大

　ロボット市場は中国を中心としたアジア市場の成長が著しい。日本ロボッ
ト工業会によると，2022年の産業用ロボットの受注額は1兆1117億円と前
年比3.1％増となった。世界的な半導体不足や中国景気後退の影響を受けて
なおの増加であることが，成長を期待させる

　新型コロナの感染症対策として，工場内の生産ラインにロボットを導入
する動きが進み，食品や医薬品などの分野でもロボットによる生産自動化
の試みがひろがった。さらには人件費の高騰で人手の作業を代替する動きが
加速するなど，あらたな需要が広がってきている。

　さらに物流におけるピッキング分野も伸びており，アマゾンやニトリの配
送センターでは，すでにロボットが必要不可欠な存在となっている。

機械業界

直近の業界各社の関連ニュースを
ななめ読みしておこう。

バッテリー争奪戦、建機でも　コマツ・ボルボ買収相次ぐ

建設機械各社が、電動化時代に備えてバッテリーの確保を急いでいる。コマツが米バッテリーメーカーを買収するほか、スウェーデンの商用車・建機大手ボルボ・グループも別の米大手の買収を発表した。電池は電気自動車（EV）が主戦場だが、脱炭素の対応を迫られる建設業界でも争奪戦が始まっている。

コマツは20日、米バッテリーメーカーのアメリカン・バッテリー・ソリューションズ（ABS、ミシガン州）を買収すると発表した。全株式を取得し、買収額は非公表。ABSは商用車や産業用車両向けのリチウムイオン電池を開発・製造している。買収により、建機や鉱山機械の設計に最適化した電池が開発できるようになる。

「ボルボ・グループは現在の電池・電動化の工程表を完全なものにし、さらに加速させる」。ボルボは10日、経営難に陥っていたバス開発大手の米プロテラからバッテリー事業を買収すると発表した。2億1000万ドル（約310億円）を投じる。

各社がバッテリー企業を囲い込むのは、脱炭素の波が建設現場にも押し寄せているためだ。

建機の分野では、電動化がそれほど進んでいなかった。大型の機械が多いほか、高い出力を保たなくてはならないことが背景にある。建設現場は充電設備から遠いケースが多く、電動化との相性は良くない。

だが脱炭素に向けた取り組みが遅れれば、投資家や取引先から不評を買いかねない。そのため各社は急速に電動化を進めており、コマツは23年度に電動のミニショベルや中型ショベル計4種を投入する。

じつはコマツは電動建機にプロテラの電池を使っており、ボルボから仕入れる可能性もあった。建機向けの電池は仕様変更が難しく、車体側の設計を変えればコストがかさむ。ほぼ同じタイミングでABS買収を発表したコマツにとっ

ては、コスト増を回避できた側面もある。

相次ぐ買収の背景には、ディーゼルエンジンに依存していては各社の稼ぎ頭であるメンテナンス事業を失うという危機感もある。

建機各社はメンテナンス事業を重要視している。新車販売は景気の波の影響で収益が上下するが、部品販売や修理などのアフターサービスは車体が稼働している限り需要が大きく落ち込むことはないためだ。例えば、コマツでは部品販売が建機事業の4分の1を占める

脱炭素が進んでディーゼルエンジンの需要が落ち込めば、こうした安定的な収入源も減ることになる。各社は今のうちから将来の主要部品になるバッテリーを内製化することで、次世代の事業基盤を確保しようとしている。

米キャタピラーは23年に電池技術を手掛けるリソス・エナジーへの投資を発表している。日立建機は欧州でオランダの蓄電装置メーカーや伊藤忠商事と組み、運べるコンテナサイズの充電設備を工事現場に持ち込む計画だ。

欧州は建機の電動化への補助金制度があり、充電のインフラや規格整備も比較的進んでいるが、日本は支援策が不十分だとの声が上がる。コスト面で欧州勢とどう競うのかも今後の課題となる。

国土交通省は電動建機の認定制度をつくり、その後補助金などの普及促進策を整える。電動化しても電気が火力発電由来であれば二酸化炭素（CO_2）排出は大きく減らせない。日本では再生可能エネルギーが欧州よりも調達しづらく、将来の課題になりそうだ。　　　　　　（2023年11月21日　日本経済新聞）

機械受注が一進一退　7月は2カ月ぶり減、製造業低調で

内閣府が14日発表した7月の機械受注統計によると設備投資の先行指標とされる民需（船舶・電力を除く、季節調整済み）は前月比1.1％減の8449億円だった。製造業の発注が減り、前月と比べて2カ月ぶりにマイナスとなった。機械受注は一進一退の動きが続く。

業種別では製造業からの発注が5.3％減と全体を押し下げた。マイナスは3カ月ぶり。「電気機械」からの発注が23.8％減、「自動車・同付属品」が21.4％減だった。

いずれの業種も、6月に増えた反動で減少した。海外経済の不透明感から、企業が投資により慎重になっていることが響いた可能性もある。

非製造業からの発注は1.3％増えた。2カ月連続でプラスだった。建設業が

29.2％増えた。建設機械やコンベヤーなどの運搬機械の増加が寄与した。卸売業・小売業も13.3％増加した。

内閣府は全体の基調判断を9カ月連続で「足踏みがみられる」に据え置いた。

足元では企業の設備投資への意欲は高いとみられる。内閣府と財務省が13日に公表した法人企業景気予測調査では、大企業・中小企業など全産業の2023年度のソフトウエア投資も含む設備投資は、前年度比12.3％増えると見込む。

第一生命経済研究所の大柴千智氏は「企業の投資意欲は旺盛で、機械受注も年度後半には緩やかな増加傾向に転じるのではないか」と指摘する。

（2023年9月14日　日本経済新聞）

ニデック、TAKISAWA買収で合意 「事前同意なし」で突破

ニデック（旧日本電産）が工作機械のTAKISAWA（旧滝沢鉄工所）を買収する見通しとなった。TAKISAWAが13日、ニデックから受けていたTOB（株式公開買い付け）の提案を受け入れると発表した。TAKISAWAは株主にTOBへの応募も推奨した。ニデックは自動車部品加工に強いTAKISAWAの旋盤を取得し、工作機械事業の「穴」を埋める。

TOBは1株あたり2600円で14日から始める。上限を設けておらず、成立すればTAKISAWAはニデックの子会社となり上場廃止になる可能性が高い。

TAKISAWAの原田一八社長は13日、本社のある岡山市内で記者会見を開き、ニデックの傘下に入ることが「当社にとってプラス」と述べた。工作機械業界の厳しい経営環境に触れ、「（単独で生き残りを図るより、工作機械でニデックが目標に掲げる）世界一を目指すほうが従業員も取引先も幸せ」と説明した。

同時にニデックとは別の1社から対抗提案を出す初期的な意向表明書を受け取ったものの、正式な提案には至らなかったと明らかにした。原田社長は秘密保持契約を理由に「詳しい話はできない」とした。

ニデックは工作機械事業の強化のため、M&A（合併・買収）を相次ぎ手掛けている。2022年1~3月にはTAKISAWAへ資本提携を持ちかけていた。その際、TAKISAWA側が協議を中断した経緯もあり、23年7月にTAKISAWAの経営陣の事前同意を得ないままTOBの提案に踏み切った。

TAKISAWAを傘下に収め、課題だった工作機械の主要品目の一つ「旋盤」を取得する。ニデックは工作機械の世界市場の機種別の内訳で約3割（ニデック調べ）を占める旋盤を製品に持っていなかった。同社の西本達也副社長は「他

の工作機械と旋盤を顧客にまとめて売れる」と話し、営業面や収益面での相乗効果を見込む。

ニデックは21年、電気自動車（EV）部品の内製化などを視野に三菱重工業から子会社を取得し工作機械事業に参入した。22年にはOKK（現ニデックオーケーケー）を買収し、工作機械を注力事業と定めた。23年にイタリア企業も買収。TAKISAWAが傘下に入れば同事業で4社目となる。

TOB価格の2600円は提案1カ月前の株価の約2倍の水準にあたる。一般にTOB価格は、買収候補企業の直近1カ月や3カ月間の平均株価に3割程度の上乗せ幅（プレミアム）をつけることが多い。今回、ニデックは10割程度のプレミアムをのせた。

当時のTAKISAWAの株価はPBR（株価純資産倍率）が0.5倍前後と割安だったため、ニデックはプレミアムを上乗せしやすい状態だった。TAKISAWAの株主が納得しやすいTOB価格が、TAKISAWAの取締役会の判断に影響したとみられる。

ニデックはTAKISAWAがTOBに反対し「同意なきままのTOB」になることも覚悟しての買収提案だった。M&A巧者のニデックが「同意なき」を辞さない姿勢をみせたことで、今後、日本で同様のケースが増えることが予想される。

海外では事前に賛同を得ないTOBは珍しくない。経済産業省の資料によれば、12~21年に日本で実施されたTOBは476件で、米国は584件。このうち「同意なきTOB」の比率は米国の17%に対し、日本は4%にとどまる。

長島・大野・常松法律事務所の玉井裕子弁護士は「米国の経営者は『同意なき買収』をされるかもしれないと、普段から高い緊張感をもっている」と指摘する。その上で経営者の緊張感が「企業価値の向上策の活発な検討につながっている可能性がある」と話す。

経産省は8月末にまとめた新たな企業買収における行動指針で、企業価値向上に資する買収提案は真摯に検討するよう求めた。東京証券取引所も今春、PBR1倍割れ企業に改善を要請した。こうした経緯を踏まえれば、TAKISAWAに対するTOB計画は、低水準のPBRを放置する日本の上場企業経営者への「警告」の側面がある。

ニデックの永守重信会長兼最高経営責任者（CEO）は「相手の了解を得て実際に買収が完了するまで平均4～5年かかる」と強調する。「M&Aの滞りが日本の新興企業の成長が遅い理由の一つだ」と語り、M&A市場の活性化が必要と説く。

（2023年9月13日　日本経済新聞）

建機電動化で認定制度　国交省、公共事業で優遇措置も

国土交通省は2023年度に、土木・建築工事などで使う建設機械の電動化に関する認定制度を新設する。国の脱炭素方針に合った電動建機の研究開発や普及を後押しするため、公共事業の発注に関する優遇措置や補助金といった支援策も検討する。海外で需要が高まる電動建機は大手メーカーが販路開拓を進めており、国際競争力の強化も狙う。

国交省は電動建機を「GX（グリーントランスフォーメーション）建機」と位置づけ、23年度の早期に暫定的な認定制度を設ける。バッテリー式や有線式の油圧ショベル、ホイールローダーを対象に認定し、購入企業などが確認できるよう公表する。

認定にあたっては電力消費量などの基準値を当面設定しないが、メーカー側に業界団体が定める方式に基づいた測定データの提出を求める。集まったデータを分析し、20年代後半にも恒久的な認定制度に移行し、詳細な基準値などを設ける。

普及への支援策も検討する。公共事業の発注で国や地方自治体が電動建機を使用する事業者に優先交渉権を与えたり、建機の購入に補助金を出したりするといった複数案がある。23～24年度にかけて支援内容を詰める。

建機の稼働による二酸化炭素（CO_2）の排出量は国内産業部門の1.4%を占める。政府は50年にCO_2排出量を実質ゼロにする方針をかかげる。産業機械の動力源転換を重要課題と位置づけ、電動建機の普及を加速させる。

電動建機は世界的な競争が激しくなっている。ノルウェーは建機の電動化に関する補助金制度を設け、その他の国でも政府による支援策が広がりつつある。現在主流の軽油を使用したエンジン式の規制が今後、強化される可能性もある。日本メーカーもコマツや日立建機といった大手各社が新型機の研究開発を進め、欧州での販売にも乗り出している。国の認定制度を通じて日本製の電動建機の品質をアピールできれば、海外での販路拡大を後押しすることにもつながる。

(2023年3月10日　日本経済新聞)

工作機械受注、23年は外需18%減へ　利上げで投資抑制

日本工作機械工業会（日工会）は26日、2023年の工作機械受注額は外需が

前年比 17.8％減の 9500 億円となる見通しを発表した。22 年の外需は米中を中心に過去最高を更新したが、主要国が金融を引き締め、企業は設備投資に慎重になっている。中国の新型コロナウイルスの感染拡大も、需要を不透明にしている。

稲葉善治会長（ファナック会長）は 26 日の記者会見で、「米国、欧州の金利がかなり上がっており、ジョブショップ（部品加工を受託する中小製造業者）向けは資金繰りの点から様子見になる懸念がある」と語った。

中国については「23 年後半にコロナ禍が収まっていけば、スマホなどの新規需要も出てきそう」としつつ、「先行きは不透明で少し慎重にみている」と説明した。

23 年の内需は 6500 億円と、22 年実績（18.2％増の 6032 億円）比 7.7％増を見込む。半導体不足による自動車の生産調整が徐々に緩和され、設備投資が回復する見通し。海外より遅れていた電気自動車（EV）関連の投資も本格化すると期待されている。

22 年の受注額は前年比 14.2％増の 1 兆 7596 億円だった。18 年（1 兆 8157 億円）に次ぐ過去 2 番目の高さになった。外需は 1 兆 1563 億円と、18 年の 1 兆 654 億円を上回って過去最高となった。世界で EV への移行に伴う投資が好調だった。人手不足を背景に、1 台で複数の工程を集約できる機械の需要も増えた。

国・地域別では中国が 5.3％増の 3769 億円で、2 年連続で過去最高だった。パソコンやスマホなどのテレワーク関連の需要は一巡したものの、EV や生産自動化に伴う投資が続いた。北米も人手不足による自動化需要が高く、22％増の 3444 億円と過去最高となった。欧州は 9.7％増だった。

同時に発表した 22 年 12 月の工作機械受注額は、前年同月比 0.9％増の 1405 億円だった。内需が 17.4％減の 422 億円、外需が 11.6％増の 982 億円だった。米国やインドで大口受注が入り、中国も堅調だった。。

（2023 年 1 月 26 日　日本経済新聞）

23 年の工作機械受注、3 年ぶり減少予測　投資減退を懸念

数カ月先の景気動向を示す先行指標ともいわれている工作機械受注が減速している。日本工作機械工業会は 11 日、2023 年の工作機械受注が前年に比べ 9％減の 1 兆 6000 億円になるとの見通しを示した。新型コロナウイルス禍で

落ち込んだ20年以来、3年ぶりの減少に転じる。世界的な利上げの動きなどで企業の設備投資意欲が減退する懸念が出てきた。

工作機械は金属を削って金型や部品に仕上げるのに欠かせず、あらゆる産業の「マザーマシン（母なる機械）」と呼ばれる。企業の設備投資のほか、スマートフォンなどの消費の動向を敏感に反映するため注目度が高い。

稲葉善治会長（ファナック会長）は、同日開かれた賀詞交歓会で23年の需要について「欧米などのインフレ・利上げ、中国の景気減速懸念や新型コロナの感染拡大により設備投資はしばらく落ち着いた展開となる可能性がある」と説明した。

22年の受注額は1兆7500億円前後（前年比1割増）になる見込みで、18年に次ぐ過去2番目の高水準だったが、直近は需要が減っている。月次ベースでは22年10月に前年同月比で5.5％減少と2年ぶりに前年割れに転じ、11月も7.7％減った。受注の内需のうち半導体やスマホ向けを含む電気・精密用途は11月まで3カ月連続で減った。

半導体の国際団体SEMIは12月、23年の製造装置の世界売上高が4年ぶりに減少に転じ、前年比16％減の912億ドル（約12兆700億円）になる見通しを発表した。工作機械の主要な取引先の半導体製造装置の需要が一巡している。今後はデータセンター向けの半導体需要も減速するとの見方も出ている。これまでけん引役だった半導体やスマホの引き合いが弱まり、テック企業関連の先行き不安を映している。

インフレ抑制を目的とした世界的な利上げの動きも企業の投資意欲に水を差す。米国は政策金利が5％に接近し、「（部品加工を受託する中小製造業者である）ジョブショップを中心に投資姿勢が厳しくなっている」（稲葉会長）という。利上げは投資時の金利負担の増加と消費が落ち込むとの二重の警戒感につながっている。

もっとも製造現場での人手不足を背景とした省人化のニーズは根強い。複数の工程を1台で手掛け、省人化につながる工作機械の需要は堅調だ。ロボット需要も伸びる。日本ロボット工業会は23年の受注が約1兆1500億円と前年比3.6％増えると見通す。

電気自動車（EV）への移行を背景にした投資も追い風で、省人化の投資とともに今後の需要を下支えしそうだ。「省人化や脱炭素対応への投資などを背景に、23年後半からは需要が伸びる」（オークマの家城淳社長）との声も出ていた。

（2023年1月11日　日本経済新聞）

▶ 労働環境

職種：機械設計　　年齢・性別：30代後半・男性

・新卒入社時の給料は月並みですが，その後の伸びは悪くないです。
・コンサルや商社のようなレベルの高給はあり得ませんが。
・30－45h／月の残業代込みと考えれば，十分高給の部類に入るかと。
・査定はほぼ年功序列で，同期入社であれば大きな差はつきません。

職種：研究開発　　年齢・性別：30代前半・男性

・有給休暇の取得は促進されており，連続15日以上の取得も可能です。
・会社側が連休を作っていて，9連休は年間4回もあります。
・休暇制度については大抵の企業よりも整っていると言えるでしょう。
　休日出勤は年に数回ある程度で，残業代は全額支払われます。

職種：海外営業　　年齢・性別：20代後半・男性

・ネームバリューもあり，体制，福利厚生面でも非常に良い環境です。
・成果に厳しいですが，チーム一丸となっている雰囲気があります。
・仕事内容は部署により違いますが，任せられる業務の幅も広いです。
・自分の個性を生かして仕事ができ，自身の成長を日々感じられます。

職種：法人営業　　年齢・性別：20代後半・男性

・上司と部下の関係はガチガチの縦社会ではなくフランクな感じです。
・基本的には，役職名ではなく，さん付け呼称があたりまえです。
・部署によっては雰囲気はかなり違うようですが。
・仕事のやり方は裁量ある任され方なので，各人の自由度は高いです。

▶福利厚生

職種：機械設計　　年齢・性別：30代後半・男性

- 寮や社宅は築年数の当たりハズレはありますが，充実しています。
- 寮や社宅は近い将来にリニューアルするという話もあります。
- 社宅を出ると，住宅補助は一切出ません。
- 社宅は15年，寮は30歳または5年の遅い方という年限があります。

職種：社内SE　　年齢・性別：30代後半・男性

- 大企業だけあって福利厚生は充実しています。
- 独身の場合30歳まで寮があり，寮費は光熱費込み約1万円です。
- 既婚者には社宅があり，一般家賃相場の2割～3割で借りられます。
- 持株会があり，積立額の10～15％を会社補助により上乗せされます。

職種：法人営業　　年齢・性別：20代後半・男性

- 寮・社宅は素晴らしいの一言で，都内の一等地にあり，金額も破格。都内勤務だと安い社食が利用でき，社食以外だと1食500円の補助も。
- 保養施設等はあまり充実していませんが，寮・社宅が補っています。工場勤務になると所内のイベントも数多くあります。

職種：制御設計　　年齢・性別：30代後半・男性

- 古い大企業なので，独身寮や社宅等の入居費は本当に安いです。
- 住宅補助が給与の低さをある程度は補ってくれています。
- 関西地区には保養所もあって，皆使っているようです。
- 残業については，現場によってとんでもない残業時間になる場合も。

▶ 仕事のやりがい

職種：研究開発　　年齢・性別：30代前半・男性

- 自身の仕事が全国的なニュースに直結することが非常に多いです。
- 国の威信を支える仕事に少数精鋭で携われ，やりがいを感じます。
- この会社は採用時点で部まで決定するので，配属は希望通りです。
- 航空宇宙をやりたい人間にとっては最高の環境だと思います。

職種：経理　　年齢・性別：20代後半・男性

- 社会インフラに携わる仕事ですので，誇りを非常に持てます。
- 企業の製品が実際に動いていく所を肌で感じながら仕事ができます。
  特に乗り物好きにはたまらない環境ではないでしょうか。
- 若いうちから大きな裁量を任せられるので，やる気に繋がります。

職種：空調設計・設備設計　　年齢・性別：30代前半・男性

- 自分がチャレンジしたいと思う仕事に携わらせてもらえます。
- 社会の要となるインフラ設備に携われて，やりがいは大きいです。
- 技術力が高い企業のため，仕事をやればやるほど成長できます。
- 失敗しても上司がフォローしてくれるので，好きなように働けます。

職種：機械・機構設計, 金型設計（機械）　　年齢・性別：30代後半・男性

- 日本の基幹産業を担い，フィールドは陸・海・空に及びます。
- 周りの人の技術力も高いため，毎日とても刺激があります。
- 歴史が古く，優秀な人材が集まってくるのも非常に魅力です。
- 伝統的に技術者への信頼が厚いため，誇りを持って働けます。

▶ブラック？ホワイト？

職種：機械・機構設計，金型設計（機械）　　年齢・性別：20代後半・男性

・家庭と仕事のバランスをとるのは正直難しいです。
・海外出張機会はわりと多く，1週間から3カ月くらいになることも。
・「家庭を重視する」という人は出世は難しいかもしれません。
・小さい子どもがいる人の負担はかなり大きいです。

職種：技能工（その他）　　年齢・性別：20代後半・男性

・福利厚生はものすごく整っていて，充実していると思います。
・しかし寮に関しては，隣の部屋の声が普通に聞こえてきます。
・会社のイベントは半強制的なもので，参加する意欲が失せます。
・待遇や給料は良いのですが，工場によっては環境が劣悪な場合も。

職種：機械・機構設計，金型設計（機械）　　年齢・性別：20代後半・男性

・研修制度はありますが，仕事が忙しく参加は難しいです。
・役職に就く人は仕事ができる反面，家庭とのバランスは難しい様子。
・英語を使った業務が大半のため，苦手意識がある人は苦労します。
・英語ができて，その上で技術的なスキルが必要となる業界です。

職種：経営管理　　年齢・性別：30代後半・男性

・一度事業所に配属されたら異動はないため，事業所の将来性が重要。
・業績の悪い事業所だと，管理職になった途端年収が下がる場合も。
・福利厚生は一通りありますが，それほど手厚くはないと思います。
・住宅補助はありませんが，食事補助が昼食時にあります。

▶女性の働きやすさ

職種：品質管理　　年齢・性別：20代後半・男性

・この会社では，女性はパートの人が多いです。
・女性の待遇としては，産休など，一般的なものは揃っていますが。
・女性の正社員自体少ないので，女性管理職も圧倒的に少ないです。
・女性管理職は，勤続年数が長く年功序列で昇進しているようです。

職種：経理　　年齢・性別：20代後半・男性

・出産休暇・育児休暇は非常に充実しており，取得率も高いです。
・製造業という事もあってか全体的に女性社員の比率は低めです。
・社内に女性が少ない分，女性管理職の数も圧倒的に少ないです。
・性別問わず優秀な方は多いので，女性だからという心配は不要です。

職種：一般事務　　年齢・性別：20代後半・男性

・女性の数は全体として少なく，待遇も悪くありません。
・仕事内容としては若干補助的な仕事が多いように感じます。
・総合職の方の待遇は良く，大切にする会社であると思います。
・それ故に少々甘めになっている所もあり，改善が必要なところも。

職種：人事　　年齢・性別：50代前半・男性

・女性も管理職に多く就いています。
・残業が多い部署もありますが，配置次第で働きやすいと思います。
・能力さえあれば男女の区別なく扱われる点は魅力的だと思います。
・結婚を機に辞める人もいますが，もったいないと思います。

▶ 今後の展望

職種：法人営業　　年齢・性別：20代後半・男性

・会社が古い体質のためか，一日中仕事をしない社員が多数います。
・海外展開も遅れており，将来性は乏しいように感じます。
・今後の事を考え，転職を検討している社員もちらほら。
・事業によっては子会社化が濃厚の為，逃げ出そうと考えている人も。

職種：購買・調達（機械）　　年齢・性別：20代後半・男性

・国内では業界最大規模ですが，今後内需の拡大は望めないでしょう。
・世界的に見ると競合他社に大きく遅れをとっている事業もあります。
・今後は海外に打って出るしかなく，厳しい競争が予想されます。
・直近ではガスタービン分野での世界再編がカギになってくるかと。

職種：人事　　年齢・性別：20代後半・男性

・社として女性基幹職の目標数値を掲げて，登用を進めています。
・ここ近年，新卒社員の女性の割合も上がってきています。
・育児休業制度を早期に取り入れた経緯もあって，取得率は高いです。
・今後更に，女性のための制度整備や社内風土の醸成を図る方針です。

職種：研究・開発（機械）　　年齢・性別：20代後半・男性

・福利厚生も整い，ワークライフバランスも取りやすいです。
・今後の方針として女性管理職者数を現状の3倍にするようです。
・女性社員のためのキャリアアップ施策も充実させていくようです。
・今後さらに労働環境も整い，女性も長く勤めやすくなると思います。

機械業界　国内企業リスト（一部抜粋）

会社名	本社住所
アタカ大機株式会社	大阪市此花区西九条5丁目3番28号（ナインティビル）
株式会社日本製鋼所	東京都品川区大崎1丁目11番1号
三浦工業株式会社	愛媛県松山市堀江町7番地
株式会社タクマ	兵庫県尼崎市金楽寺町2丁目2番33号
株式会社ツガミ	東京都中央区日本橋富沢町12番20号
オークマ株式会社	愛知県丹羽郡大口町下小口五丁目25番地の1
東芝機械株式会社	静岡県沼津市大岡2068-3
株式会社アマダ	神奈川県伊勢原市石田200
アイダエンジニアリング株式会社	神奈川県相模原市緑区大山町2番10号
株式会社滝澤鉄工所	岡山市北区撫川983
富士機械製造株式会社	愛知県知立市山町茶碓山19番地
株式会社牧野フライス製作所	東京都目黒区中根2-3-19
オーエスジー株式会社	愛知県豊川市本野ケ原3-22
ダイジェット工業株式会社	大阪市平野区加美東2丁目1番18号
旭ダイヤモンド工業株式会社	東京都千代田区紀尾井町4番1号
DMG 森精機株式会社	名古屋市中村区名駅2丁目35番16号
株式会社ディスコ	東京都大田区大森北2丁目13番11号
日東工器株式会社	東京都大田区仲池上2丁目9番4号
豊和工業株式会社	愛知県清須市須ケ口1900番地1
大阪機工株式会社	兵庫県伊丹市北伊丹8丁目10番地
株式会社石川製作所	石川県白山市福留町200番地
東洋機械金属株式会社	兵庫県明石市二見町福里523-1
津田駒工業株式会社	金沢市野町5丁目18番18号

会社名	本社住所
エンシュウ株式会社	静岡県浜松市南区高塚町 4888 番地
株式会社島精機製作所	和歌山市坂田 85 番地
株式会社日阪製作所	大阪市中央区伏見町 4-2-14 WAKITA 藤村御堂筋ビル 8F
株式会社やまびこ	東京都青梅市末広町 1-7-2
ペガサスミシン製造株式会社	大阪市福島区鷺洲五丁目 7 番 2 号
ナブテスコ株式会社	東京都千代田区平河町 2 丁目 7 番 9 号 JA 共済ビル
三井海洋開発株式会社	東京都中央区日本橋二丁目 3 番 10 号 日本橋丸善東急ビル 4 階・5 階
レオン自動機株式会社	栃木県宇都宮市野沢町 2-3
SMC 株式会社	東京都千代田区外神田 4-14-1 秋葉原 UDX 15 階
株式会社新川	東京都武蔵村山市伊奈平二丁目 51 番地の 1
ホソカワミクロン株式会社	大阪府枚方市招提田近 1 丁目 9 番地
ユニオンツール株式会社	東京都品川区南大井 6-17-1
オイレス工業株式会社	神奈川県藤沢市桐原町 8 番地
日精エー・エス・ビー機械株式会社	長野県小諸市甲 4586 番地 3
サトーホールディングス株式会社	東京都目黒区下目黒 1 丁目 7 番 1 号 ナレッジプラザ
日本エアーテック株式会社	東京都台東区入谷一丁目 14 番 9 号
日精樹脂工業株式会社	長野県埴科郡坂城町南条 2110 番地
ワイエイシイ株式会社	東京都昭島市武蔵野 3-11-10
株式会社小松製作所	東京都港区赤坂二丁目 3 番 6 号（コマツビル）
住友重機械工業株式会社	東京都品川区大崎 2 丁目 1 番 1 号
日立建機株式会社	東京都文京区後楽二丁目 5 番 1 号
日工株式会社	兵庫県明石市大久保町江井島 1013 番地の 1
巴工業株式会社	東京都品川区大崎一丁目 2 番 2 号 アートヴィレッジ大崎セントラルタワー 12 階
井関農機株式会社	東京都荒川区西日暮里 5 丁目 3 番 14 号
TOWA 株式会社	京都市南区上鳥羽上調子町 5 番地

会社名	本社住所
株式会社丸山製作所	東京都千代田区内神田三丁目 4 番 15 号
株式会社北川鉄工所	広島県府中市元町 77-1
株式会社クボタ	大阪市浪速区敷津東一丁目 2 番 47 号
荏原実業株式会社	東京都中央区銀座七丁目 14 番 1 号
三菱化工機株式会社	神奈川県川崎市川崎区大川町 2 番 1 号
月島機械株式会社	東京都中央区佃二丁目 17 番 15 号
株式会社帝国電機製作所	兵庫県たつの市新宮町平野 60 番地
株式会社東京機械製作所	東京都港区芝五丁目 26 番 24 号
新東工業株式会社	愛知県名古屋市中区錦一丁目 11 番 11 号 名古屋インターシティ 10 階
澁谷工業株式会社	石川県金沢市大豆田本町甲 58
株式会社アイチコーポレーション	埼玉県上尾市大字領家字山下 1152 番地の 10
株式会社小森コーポレーション	東京都墨田区吾妻橋 3-11-1
株式会社鶴見製作所	東京都台東区台東 1-33-8（本店大阪）
住友精密工業株式会社	兵庫県尼崎市扶桑町 1 番 10 号
酒井重工業株式会社	東京都港区芝大門 1-4-8 浜松町清和ビル 5 階
株式会社荏原製作所	東京都大田区羽田旭町 11-1
株式会社石井鐵工所	東京都中央区月島三丁目 26 番 11 号
株式会社酉島製作所	大阪府高槻市宮田町一丁目一番 8 号
ダイキン工業株式会社	大阪市北区中崎西 2-4-12 梅田センタービル（総合受付 19 階）
オルガノ株式会社	東京都江東区新砂 1 丁目 2 番 8 号
トーヨーカネツ株式会社	東京都江東区東砂八丁目 19 番 20 号
栗田工業株式会社	東京都中野区中野 4 丁目 10 番 1 号 中野セントラルパークイースト
株式会社椿本チエイン	大阪市北区中之島 3-3-3（中之島三井ビルディング）
大同工業株式会社	石川県加賀市熊坂町イ 197 番地
日本コンベヤ株式会社	大阪府大東市緑が丘 2-1-1

会社名	本社住所
木村化工機株式会社	兵庫県尼崎市杭瀬寺島二丁目1番2号
アネスト岩田株式会社	横浜市港北区新吉田町 3176
株式会社ダイフク	大阪市西淀川区御幣島 3-2-11
株式会社 加藤製作所	東京都品川区東大井 1-9-37
油研工業株式会社	神奈川県綾瀬市上土棚中 4-4-34
株式会社タダノ	香川県高松市新田町甲 34 番地
フジテック株式会社	滋賀県彦根市宮田町 591-1
CKD株式会社	愛知県小牧市応時 2-250
株式会社　キトー	山梨県中巨摩郡昭和町築地新居 2000
株式会社　平和	東京都台東区東上野一丁目 16 番1号
理想科学工業株式会社	東京都港区芝五丁目 34 番7号　田町センタービル
株式会社 SANKYO	東京都渋谷区渋谷三丁目 29 番 14 号
日本金銭機械株式会社	大阪市平野区西脇2丁目3番 15 号
株式会社マースエンジニアリング	東京都新宿区新宿一丁目10番7号
福島工業株式会社	大阪府大阪市西淀川区御幣島 3-16-11
株式会社オーイズミ	神奈川県厚木市中町二丁目7番 10 号
ダイコク電機株式会社	名古屋市中村区那古野一丁目 43 番5号
アマノ株式会社	神奈川県横浜市港北区大豆戸町 275 番地
JUKI株式会社	東京都多摩市鶴牧 2-11-1
サンデン株式会社	群馬県伊勢崎市寿町 20
蛇の目ミシン工業株式会社	東京都八王子市狭間町 1463
マックス株式会社	東京都中央区日本橋箱崎町 6-6
グローリー株式会社	兵庫県姫路市下手野 1-3-1
新晃工業株式会社	大阪府大阪市北区南森町1丁目4番5号
大和冷機工業株式会社	大阪市天王寺区小橋町3番 13 号 大和冷機上本町 DRK ビル

会社名	本社住所
セガサミーホールディングス株式会社	東京都港区東新橋一丁目 9 番 2 号 汐留住友ビル 21 階
日本ピストンリング株式会社	埼玉県さいたま市中央区本町東 5-12-10
株式会社 リケン	東京都千代田区九段北 1-13-5
TPR 株式会社	東京都千代田区丸の内 1-6-2 新丸の内センタービル 10F
ホシザキ電機株式会社	愛知県豊明市栄町南館 3-16
大豊工業株式会社	愛知県豊田市緑ヶ丘 3-65
日本精工株式会社	東京都品川区大崎 1-6-3（日精ビル）
NTN 株式会社	大阪府大阪市西区京町堀 1-3-17
株式会社ジェイテクト	大阪市中央区南船場 3 丁目 5 番 8 号
株式会社不二越	富山市不二越本町 1 丁目 1 番 1 号
日本トムソン株式会社	東京都港区高輪二丁目 19 番 19 号
THK 株式会社	東京都品川区西五反田三丁目 11 番 6 号
株式会社ユーシン精機	京都市伏見区久我本町 11-260
前澤給装工業株式会社	東京都目黒区鷹番二丁目 13 番 5 号
イーグル工業株式会社	東京都港区芝大門 1-12-15　正和ビル 7F
前澤工業株式会社	埼玉県川口市仲町 5 番 11 号
日本ピラー工業株式会社	大阪市淀川区野中南 2 丁目 11 番 48 号
株式会社キッツ	千葉県千葉市美浜区中瀬一丁目 10 番 1
日立工機株式会社	東京都港区港南二丁目 15 番 1 号（品川インターシティ A 棟）
株式会社マキタ	愛知県安城市住吉町 3 丁目 11 番 8 号
日立造船株式会社	大阪市住之江区南港北 1 丁目 7 番 89 号
三菱重工業株式会社	東京都港区港南 2-16-5（三菱重工ビル）
株式会社 IHI	東京都江東区豊洲三丁目 1-1 豊洲 IHI ビル

第**3**章

就職活動のはじめかた

入りたい会社は決まった。しかし「就職活動とはそもそも何をしていいのかわからない」「どんな流れで進むかわからない」という声は意外と多い。ここでは就職活動の一般的な流れや内容，対策について解説していく。

▶就職活動のスケジュール

3月	**4**月	**6**月

就職活動スタート

2025年卒の就活スケジュールは,経団連と政府を中心に議論され,2024年卒の採用選考スケジュールから概ね変更なしとされている。

エントリー受付・提出

OB・OG訪問

企業の説明会には積極的に参加しよう。独自の企業研究だけでは見えてこなかった新たな情報を得る機会であるとともに,モチベーションアップにもつながる。また,説明会に参加した者だけに配布する資料などもある。

合同企業説明会　　個別企業説明会

筆記試験・面接試験等始まる（3月〜）

内々定(大手企業)

2月末までにやっておきたいこと

就職活動が本格化する前に,以下のことに取り組んでおこう。
◎自己分析　◎インターンシップ　◎筆記試験対策
◎業界研究・企業研究　◎学内就職ガイダンス
自分が本当にやりたいことはなにか,自分の能力を最大限に活かせる会社はどこか。自己分析と企業研究を重ね,それを文章などにして明確にしておき,面接時に最大限に活用できるようにしておこう。

※このスケジュール表は一般的なものです。本年（2019年度）の採用スケジュール表ではありませんので，ご注意ください。

7月 8月 10月

中小企業採用本格化

内定者の数が採用予定数に満たない企業，1年を通して採用を継続している企業，夏休み以降に採用活動を実施企業（後期採用）は採用活動を継続して行っている。大企業でも後期採用を行っていることもあるので，企業から内定が出ても，納得がいかなければ継続して就職活動を行うこともある。

中小企業の採用が本格化するのは大手企業より少し遅いこの時期から。HPなどで採用情報をつかむとともに，企業研究も怠らないようにしよう。

内々定とは10月1日以前に通知（電話等）されるもの。内定に関しては現在協定があり，10月1日以降に文書等にて通知される。

内々定（中小企業） **内定式（10月〜）**

どんな人物が求められる？

多くの企業は，常識やコミュニケーション能力があり，社会のできごとに高い関心を持っている人物を求めている。これは「会社の一員として将来の企業発展に寄与してくれるか」という視点に基づく，もっとも普遍的な選考基準だ。もちろん，「自社の志望を真剣に考えているか」「自社の製品，サービスにどれだけの関心を向けているか」という熱意の部分も重要な要素になる。

就活ロールプレイ！

理論編 STEP1　就職活動のスタート

内定までの道のりは，大きく分けると以下のようになる。

自 己 分 析

企 業 研 究

エントリーシート・筆記試験・面接

内 定

01 まず自己分析からスタート

　就職活動とは，「企業に自分をPRすること」。自分自身の興味，価値観に加えて，強み・能力という要素が加わって，初めて企業側に「自分が働いたら，こういうポイントで貢献できる」と自分自身を売り込むことができるようになる。

■自分の来た道を振り返る

　自己分析をするための第一歩は，「振り返ってみる」こと。

　小学校，中学校など自分のいた"場"ごとに何をしたか（部活動など），何を学んだか，交友関係はどうだったか，興味のあったこと，覚えている印象的なことを書き出してみよう。

■テストを受けてみる

　"自分では気がついていない能力"を客観的に検査してもらうことで，自分に向いている職種が見えてくる。下記の5種類が代表的なものだ。

①職業適性検査　　②知能検査　　③性格検査

④職業興味検査　　⑤創造性検査

■先輩や専門家に相談してみる

　就職活動をするうえでは，"いかに他人に自分のことをわかってもらうか"が重要なポイント。他者の視点で自分を分析してもらうことで，より客観的な視点で自己PRができるようになる。

自己分析の流れ

❑過去の経験を書いてみる

❑現在の自己イメージを明確にする…行動，考え方，好きなものなど。

❑他人から見た自分を明確にする

❑将来の自分を明確にしてみる…どのような生活をおくっていたいか。期待，夢，願望。なりたい自分はどういうものか，掘り下げて考える。→自己分析結果を，志望動機につなげていく。

理論編 STEP2　企業の情報を収集する

01 企業の絞り込み

　志望企業の絞り込みについての考え方は大きく分けて2つある。

　第1は，同一業種の中で1次候補，2次候補……と絞り込んでいく方法。

　第2は，業種を1次，2次，3次候補と変えながら，それぞれに2社程度ずつ絞り込んでいく方法。

　第1の方法では，志望する同一業種の中で，一流企業，中堅企業，中小企業，縁故などがある歯止めの会社……というふうに絞り込んでいく。

　第2の方法では，自分が最も望んでいる業種，将来好きになれそうな業種，発展性のある業種，安定性のある業種，現在好況な業種……というふうに区別して，それぞれに適当な会社を絞り込んでいく。

02 情報の収集場所

・キャリアセンター

・新聞

・インターネット

・企業情報

『就職四季報』（東洋経済新報社刊），『日経会社情報』（日本経済新聞社刊）などの企業情報。この種の資料は本来"株式市場"についての資料だが，その時期の景気動向を含めた情報を仕入れることができる。

・経済雑誌

『ダイヤモンド』（ダイヤモンド社刊）や『東洋経済』（東洋経済新報社刊），『エコノミスト』（毎日新聞出版刊）など。

・OB・OG／社会人

①成長力

まず"売上高"。次に資本力の問題や利益率などの比率。いくら資本金があっても，それを上回る膨大な借金を抱えていて，いくら稼いでも利払いに追われまくるようでは，成長できないし，安定できない。

成長力を見るには自己資本率を割り出してみる。自己資本を総資本で割って100を掛けると自己資本率がパーセントで出てくる。自己資本の比率が高いほうが成長力もあり安定度も高い。

利益率は純利益を売上高で割って100を掛ける。利益率が高ければ，企業はどんどん成長するし，社員の待遇も上昇する。利益率が低いということは，仕事がどんなに忙しくても利益にはつながらないということになる。

②技術力

技術力は，短期的な見方と長期的な展望が必要になってくる。研究部門が適切な規模か，大学など企業外の研究部門との連絡があるか，先端技術の分野で開発を続けているかどうかなど。

③経営者と経営形態

会社が将来，どのような発展をするか，または衰退するかは経営者の経営哲学，経営方針によるところが大きい。社長の経歴を知ることも必要。創始者の息子，孫といった親族が社長をしているのか，サラリーマン社長か，官庁などからの天下りかということも大切なチェックポイント。

④社風

社風というのは先輩社員から後輩社員に伝えられ，教えられるもの。社風もいろいろな面から必ずチェックしよう。

⑤安定性

企業が成長しているか，安定しているかということは車の両輪。どちらか片方の回転が遅くなっても企業はバランスを失う。安定し，しかも成長する。これが企業として最も理想とするところ。

⑥待遇

初任給だけを考えてみても，それが手取りなのか，基本給なのか。基本給というのはボーナスから退職金，定期昇給の金額にまで響いてくる。また，待遇というのは給与ばかりではなく，福利厚生施設でも大きな差が出てくる。

■そのほかの会社比較の基準

1. ゆとり度

休暇制度は，企業によって独自のものを設定しているところもある。「長期休暇制度」といったものなどの制定状況と，また実際に取得できているかどうかも調べたい。

2. 独身寮や住宅設備

最近では，社宅は廃止し，住宅手当を多く出すという流れもある。寮や社宅についての福利厚生は調べておく。

3. オフィス環境

会社に根づいた慣習や社員に対する考え方が，意外にオフィスの設備やレイアウトに表れている場合がある。

たとえば，個人の専有スペースの広さや区切り方，パソコンなどOA機器の設置状況，上司と部下の机の配置など，会社によってずいぶん違うもの。玄関ロビーや受付の様子を観察するだけでも，会社ごとのカラーや特徴がどこかに見えてくる。

4. 勤務地

転勤はイヤ，どうしても特定の地域で生活していきたい。そんな声に応えて，最近は流通業などを中心に，勤務地限定の雇用制度を取り入れる企業も増えている。

---

column 初任給では分からない本当の給与

会社の給与水準には「初任給」「平均給与」「平均ボーナス」「モデル給与」など，判断材料となるいくつかのデータがある。これらのデータからその会社の給料の優劣を判断するのは非常に難しい。

たとえば中小企業の中には，初任給が飛び抜けて高い会社がときどきある。しかしその後の昇給率は大きくないのがほとんど。

一方，大手企業の初任給は業種間や企業間の差が小さく，ほとんど横並びと言っていい。そこで，「平均給与」や「平均ボーナス」などで将来の予測をするわけだが，これは一応の目安とはなるが，個人差があるので正確とは言えない。

■**決定版「就職ノート」はこう作る**

　1冊にすべて書き込みたいという人には,ルーズリーフ形式のノートがお勧め。会社研究, スケジュール, 時事用語, OB／OG訪問, 切り抜きなどの項目を作りインデックスをつける。

　カレンダー, 説明会, 試験などのスケジュール表を貼り, とくに会社別の説明会, 面談, 書類提出, 試験の日程がひと目で分かる表なども作っておく。そして見開き2ページで1社を載せ, 左ページに企業研究, 右ページには志望理由, 自己PRなどを整理する。

就職ノートの主なチェック項目

❏企業研究…資本金, 業務内容, 従業員数など基礎的な会社概要から, 過去の採用状況, 業務報告などのデータ

❏採用試験メモ…日程, 条件, 提出書類, 採用方法, 試験の傾向など

❏店舗・営業所見学メモ…流通関係, 銀行などの場合は, 客として訪問し, 商品 (値段, 使用価値, ユーザーへの配慮), 店員 (接客態度, 商品知識, 熱意, 親切度), 店舗 (ショーケース, 陳列の工夫, 店内の清潔さ) などの面をチェック

❏OB／OG訪問メモ…OB／OGの名前, 連絡先, 訪問日時, 面談場所, 質疑応答のポイント, 印象など

❏会社訪問メモ…連絡先, 人事担当者名, 会社までの交通機関, 最寄り駅からの地図, 訪問のときに得た情報や印象, 訪問にいたるまでの経過も記入

05 「OB／OG訪問」

「OB／OG訪問」は，実際は採用予備選考開始。まず，OB／OG訪問を希望したら，大学のキャリアセンター，教授などの紹介で，志望企業に勤める先輩の手がかりをつかむ。もちろん直接電話なり手紙で，自分の意向を会社側に伝えてもいい。自分の在籍大学，学部をはっきり言って，「先輩を紹介していただけないでしょうか」と依頼しよう。

参考

OB／OG訪問時の質問リスト例

●採用について

- ・成績と面接の比重
- ・採用までのプロセス（日程）
- ・面接は何回あるか
- ・面接で質問される事項　etc.

- ・評価のポイント
- ・筆記試験の傾向と対策
- ・コネの効力はどうか

●仕事について

- ・内容（入社10年, 20年のOB/OG）
- ・希望職種につけるのか
- ・残業，休日出勤，出張など

- ・新入社員の仕事
- ・やりがいはどうか
- ・同業他社と比較してどうか　etc.

●社風について

- ・社内のムード
- ・仕事のさせ方　etc.

- ・上司や同僚との関係

●待遇について

- ・給与について
- ・昇進のスピード

- ・福利厚生の状態
- ・離職率について　etc.

インターンシップとは，学生向けに企業が用意している「就業体験」プログラム。ここで学生はさまざまな企業の実態をより深く知ることができ，その後の就職活動において自己分析，業界研究，職種選びなどに活かすことができる。また企業側にとっても有能な学生を発掘できるというメリットがあるため，導入する企業は増えている。

インターンシップ参加が採用につながっているケースもあるため，たくさん参加してみよう。

column コネを利用するのも１つの手段？

コネを活用できるのは，以下のような場合である。

・**企業と大学に何らかの「連絡」がある場合**

企業の新卒採用の場合，特定校・指定校が決められていることもある。企業側が過去の実績などに基づいて決めており，大学の力が大きくものをいう。

とくに理工系では，指導教授や研究室と企業との連絡が密接な場合が多く，教授の推薦が有利であることは言うまでもない。同じ大学出身の先輩とのコネも，この部類に区分できる。

・**志望企業と「関係」ある人と関係がある場合**

一般的に言えば，志望企業の取り引き先関係からの紹介というのが一番多い。ただし，年間億単位の実績が必要で，しかも部長・役員以上につながっていなければコネがあるとは言えない。

・**志望企業と何らかの「親しい関係」がある場合**

志望企業に勤務したりアルバイトをしていたことがあるという場合。インターンシップもここに分類される。職場にも馴染みがあり人間関係もできているので，就職に際してきわめて有利。

・**志望会社に関係する人と「縁故」がある場合**

縁故を「血縁関係」とした場合，日本企業ではこのコネはかなり有効なところもある。ただし，血縁者が同じ会社にいるというのは不都合なことも多いので，どの企業も慎重。

1. 受付の様子

受付事務がテキパキとしていて，分かりやすいかどうか。社員の態度が親切で誠意が伝わってくるかどうか。

こういった受付の様子からでも，その会社の社員教育の程度や，新入社員採用に対する熱意とか期待を推し測ることができる。

2. 控え室の様子

控え室が2カ所以上あって，国立大学と私立大学の訪問者とが，別々に案内されているようなことはないか。また，面談の順番を意図的に変えているようなことはないか。これはよくある例で，すでに大半は内定しているということを意味する場合が多い。

3. 社内の雰囲気

社員の話し方，その内容を耳にはさむだけでも，社風が伝わってくる。

4. 面談の様子

何時間も待たせたあげくに，きわめて事務的に，しかも投げやりな質問しかしないような採用担当者である場合，この会社は人事が適正に行われていないということだから，一考したほうがよい。

参考 ▶ 説明会での質問項目

・質問内容が抽象的でなく，具体性のあるものかどうか。
・質問内容は，現在の社会・経済・政治などの情況を踏まえた，
　大学生らしい高度で専門性のあるものか。
・質問をするのはいいが，「それでは，あなたの意見はどうか」と
　逆に聞かれたとき，自分なりの見解が述べられるものであるか。

　提出する書類は6種類。①～③が大学に申請する書類，④～⑥が自分で書く書類だ。大学に申請する書類は一度に何枚も入手しておこう。

①「**卒業見込証明書**」
②「**成績証明書**」
③「**健康診断書**」
④「**履歴書**」
⑤「**エントリーシート**」
⑥「**会社説明会アンケート**」

■**自分で書く書類は「自己PR」**

　第1次面接に進めるか否かは「自分で書く書類」の出来にかかっている。「履歴書」と「エントリーシート」は会社説明会に行く前に準備しておくもの。「会社説明会アンケート」は説明会の際に書き，その場で提出する書類だ。

01 履歴書とエントリーシートの違い

　Webエントリーを受け付けている企業に資料請求をすると，資料と一緒に「エントリーシート」が送られてくるので，応募サイトのフォームやメールでエントリーシートを送付する。Webエントリーを行っていない企業には，ハガキやメールで資料請求をする必要があるが，「エントリーシート」は履歴書とは異なり，企業が設定した設問に対して回答するもの。すなわちこれが「1次試験」であり，これにパスをした人だけが会社説明会に呼ばれる。

■字はていねいに

字を書くところから，その企業に対する"本気度"は測られている。

■誤字，脱字は厳禁

使用するのは，黒のインク。

■修正液使用は不可

■数字は算用数字

■自分の広告を作るつもりで書く

自分はこういう人間であり，何がしたいかということを簡潔に書く。メリットになることだけで良い。自分に損になるようなことを書く必要はない。

■「やる気」を示す具体的なエピソードを

「私はやる気があります」「私は根気があります」という抽象的な表現だけではNG。それを示すエピソードのようなものを書かなくては意味がない。

---Point---

自己紹介欄の項目はすべて「自己PR」。自分はこういう人間であることを印象づけ，それがさらに企業への「志望動機」につながっていくような書き方をする。

---

column 履歴書やエントリーシートは，共通でもいい？

「履歴書」や「エントリーシート」は企業によって書き分ける。業種はもちろん，同じ業界の企業であっても求めている人材が違うからだ。各書類は提出前にコピーを取り，さらに出した企業名を忘れずに書いておくことも大切だ。

履歴書記入のPoint

写真	スナップ写真は不可。 スーツ着用で，胸から上の物を使用する。ポイントは「清潔感」。 氏名・大学名を裏書きしておく。
日付	郵送の場合は投函する日，持参する場合は持参日の日付を記入する。
生年月日	西暦は避ける。元号を省略せずに記入する。
氏名	戸籍上の漢字を使う。印鑑押印欄があれば忘れずに押す。
住所	フリガナ欄がカタカナであればカタカナで，平仮名であれば平仮名で記載する。
学歴	最初の行の中央部に「学□□歴」と2文字程度間隔を空けて，中学校卒業から大学（卒業・卒業見込み）まで記入する。 中途退学の場合は，理由を簡潔に記載する。留年は記入する必要はない。 職歴がなければ，最終学歴の一段下の行の右隅に，「以上」と記載する。
職歴	最終学歴の一段下の行の中央部に「職□□歴」と2文字程度間隔を空け記入する。 「株式会社」や「有限会社」など，所属部門を省略しないで記入する。 「同上」や「〃」で省略しない。 最終職歴の一段下の行の右隅に，「以上」と記載する。
資格・免許	4級以下は記載しない。学習中のものも記載して良い。 「普通自動車第一種運転免許」など，省略せずに記載する。
趣味・特技	具体的に（例：読書でもジャンルや好きな作家を）記入する。
志望理由	その企業の強みや良い所を見つけ出したうえで，「自分の得意な事」がどう活かせるかなどを考えぬいたものを記入する。
自己PR	応募企業の事業内容や職種にリンクするような，自分の経験やスキルなどを記入する。
本人希望欄	面接の連絡方法，希望職種・勤務地などを記入する。「特になし」や空白はNG。
家族構成	最初に世帯主を書き，次に配偶者，それから家族を祖父母，兄弟姉妹の順に。続柄は，本人から見た間柄。兄嫁は，義姉と書く。
健康状態	「良好」が一般的。

01 エントリーシートの目的

・応募者を，決められた採用予定者数に絞り込むこと

・面接時の資料にする

の2つ。

■知りたいのは職務遂行能力

採用担当者が学生を見る場合は，「こいつは与えられた仕事をこなせるかどう
か」という目で見ている。企業に必要とされているのは仕事をする能力なのだ。

Point

質問に忠実に，"自分がいかにその会社の求める人材に当てはまるか"を
丁寧に答えること。

02 効果的なエントリーシートの書き方

■情報を伝える書き方

課題をよく理解していることを相手に伝えるような気持ちで書く。

■文章力

大切なのは全体のバランスが取れているか。書く前に，何をどれくらいの字
数で収めるか計算しておく。

「起承転結」でいえば，「起」は，文章を起こす導入部分。「承」は，起を受け
て，その提起した問題に対して承認を求める部分。「転」は，自説を展開する
部分。もっともオリジナリティが要求される。「結」は，最後の締めの結論部分。
文章の構成・まとめる力で，総合的な能力が高いことをアピールする。

エントリーシートでよく取り上げられる題材と，その出題意図

　エントリーシートで求められるものは，「自己PR」「志望動機」「将来どうなりたいか（目指すこと）」の3つに大別される。

1.「自己PR」

　自己分析にしたがって作成していく。重要なのは，「なぜそうしようと思ったか？」「○○をした結果，何が変わったのか？何を得たのか？」という"連続性"が分かるかどうかがポイント。

2.「志望動機」

　自己PRと一貫性を保ち，業界志望理由と企業志望理由を差別化して表現するように心がける。志望する業界の強みと弱み，志望企業の強みと弱みの把握は基本。

3.「将来の展望」

　どんな社員を目指すのか，仕事へはどう臨もうと思っているか，目標は何か，などが問われる。仕事内容を事前に把握しておくだけでなく，5年後の自分，10年後の自分など，具体的な将来像を描いておくことが大切。

表現力，理解力のチェックポイント

❑ 文法，語法が正しいかどうか

❑ 論旨が論理的で一貫しているかどうか

❑ 1センテンスが簡潔かどうか

❑ 表現が統一されているかどうか（「です，ます」調か「だ，である」調か）

01 個人面接

●自由面接法

面接官と受験者のキャラクターやその場の雰囲気，質問と応答の進行具合などによって雑談形式で自由に進められる。

●標準面接法

自由面接法とは逆に，質問内容や評価の基準などがあらかじめ決まっている。実際には自由面接法と併用で，おおまかな質問事項や判定基準，評価ポイントを決めておき，質疑応答の内容上の制限を緩和しておくスタイルが一般的。1次面接などでは標準面接法をとり，2次以降で自由面接法をとる企業も多い。

●非指示面接法

受験者に自由に発言してもらい，面接官は話題を引き出したりするときなど，最小限の質問をするという方法。

●圧迫面接法

わざと受験者の精神状態を緊張させ，受験者がどのような応答をするかを観察し，判定する。受験者は，冷静に対応することが肝心。

02 集団面接

面接の方法は個人面接と大差ないが，面接官がひとつの質問をして，受験者が順にそれに答えるという方法と，面接官が司会役になって，座談会のような形式で進める方法とがある。

座談会のようなスタイルでの面接は，なるべく受験者全員が関心をもっているような話題を取りあげ，意見を述べさせるという方法。この際，司会役以外の面接官は一言も発言せず，判定・評価に専念する。

03 グループディスカッション

　グループディスカッション（以下，GD）の時間は30～60分程度，1グループの人数は5～10人程度で，司会は面接官が行う場合や，時間を決めて学生が交替で行うことが多い。面接官は内容については特に指示することはなく，受験者がどのようにGDを進めるかを観察する。

　評価のポイントは，全体的には理解力，表現力，指導性，積極性，協調性など，個別的には性格，知識，適性などが観察される。

　GDの特色は，集団の中での個人ということで，受験者の能力がどの程度のものであるか，また，どのようなことに向いているかを判定できること。受験者は，グループの中における自分の位置を面接官に印象づけることが大切だ。

グループディスカッション方式の面接におけるチェックポイント

- ❏全体の中で適切な論点を提供できているかどうか。
- ❏問題解決に役立つ知識を持っているか，また提供できているかどうか。
- ❏もつれた議論を解きほぐし，的はずれの議論を元に引き戻す努力をしているかどうか。
- ❏グループ全体としての目標をいつも考えているかどうか。
- ❏感情的な対立や攻撃をしかけているようなことはないか。
- ❏他人の意見に耳を傾け，よい意見には賛意を表し，それを全体に推し広げようという寛大さがあるかどうか。
- ❏議論の流れを自然にリードするような主導性を持っているかどうか。
- ❏提出した意見が議論の進行に大きな影響を与えているかどうか。

04 面接時の注意点

●控え室

　控え室には，指定された時間の15分前には入室しよう。そこで担当の係から，面接に際しての注意点や手順の説明が行われるので，疑問点は積極的に聞くようにし，心おきなく面接にのぞめるようにしておこう。会社によっては，所定のカードに必要事項を書き込ませたり，お互いに自己紹介をさせたりする場合もある。また，この控え室での行動も細かくチェックして，合否の資料にしている会社もある。

●入室・面接開始

　係員がドアの開閉をしてくれる場合もあるが，それ以外は軽くノックして入室し，必ずドアを閉める。そして入口近くで軽く一礼し，面接官か補助員の「どうぞ」という指示で正面の席に進み，ここで再び一礼をする。そして，学校名と氏名を名のって静かに着席する。着席時は，軽く椅子にかけるようにする。

●面接終了と退室

　面接の終了が告げられたら，椅子から立ち上がって一礼し，椅子をもとに戻して，面接官または係員の指示を受けて退室する。

　その際も，ドアの前で面接官のほうを向いて頭を下げ，静かにドアを開閉する。控え室に戻ったら，係員の指示を受けて退社する。

05 面接試験の評定基準

●協調性

　企業という「集団」では，他人との協調性が特に重視される。

　感情や態度が円満で調和がとれていること，極端に好悪の情が激しくなく，物事の見方や考え方が穏健で中立であることなど，職場での人間関係を円滑に進めていくことのできる人物かどうかが評価される。

●話し方

　外観印象的には，言語の明瞭さや応答の態度そのものがチェックされる。小さな声で自信のない発言，乱暴野卑な発言は減点になる。

　考えをまとめたら，言葉を選んで話すくらいの余裕をもって，真剣に応答しようとする姿勢が重視される。軽率な応答をしたり，まして発言に矛盾を指摘されるような事態は極力避け，もしそのような状況になりそうなときは，自分の非を認めてはっきりと謝るような態度を示すべき。

●好感度

　実社会においては，外観による第一印象が，人間関係や取引に大きく影響を及ぼす。

　「フレッシュな爽やかさ」に加え，入社志望など，自分の意思や希望をより明確にすることで，強い信念に裏づけられた姿勢をアピールできるよう努力したい。

●判断力

何を質問されているのか，何を答えようとしているのか，常に冷静に判断していく必要がある。

●**表現力**

話に筋道が通り理路整然としているか，言いたいことが簡潔に言えるか，話し方に抑揚があり聞く者に感銘を与えるか，用語が適切でボキャブラリーが豊富かどうか。

●**積極性**

活動意欲があり，研究心旺盛であること，進んで物事に取り組み，創造的に解決しようとする意欲が感じられること，話し方にファイトや情熱が感じられること，など。

●**計画性**

見通しをもって順序よく合理的に仕事をする性格かどうか，またその能力の有無。企業の将来性のなかに，自分の将来をどうかみ合わせていこうとしているか，現在の自分を出発点として，何を考え，どんな仕事をしたいのか。

●**安定性**

情緒の安定は，社会生活に欠くことのできない要素。自分自身をよく知っているか，他の人に流されない信念をもっているか。

●**誠実性**

自分に対して忠実であろうとしているか，物事に対してどれだけ誠実な考え方をしているか。

●**社会性**

企業は集団活動なので，自分の考えに固執したり，不平不満が多い性格は向かない。柔軟で適応性があるかどうか。

清潔感や明朗さ，若々しさといった外観面も重視される。

06 面接試験の質問内容

1. 志望動機

受験先の概要や事業内容はしっかりと頭の中に入れておく。また，その企業の企業活動の社会的意義と，自分自身の志望動機との関連を明確にしておく。「安定している」「知名度がある」「将来性がある」といった利己的な動機，「自

分の性格に合っている」というような，あいまいな動機では説得力がない。安定性や将来性は，具体的にどのような企業努力によって支えられているのかという考察も必要だし，それに対する受験者自身の評価や共感なども問われる。

①どうしてその業種なのか

②どうしてその企業なのか

③どうしてその職種なのか

以上の①～③と，自分の性格や資質，専門などとの関連性を説明できるようにしておく。

自分がどうしてその会社を選んだのか，どこに大きな魅力を感じたのかを，できるだけ具体的に，情熱をもって語ることが重要。自分の長所と仕事の適性を結びつけてアピールし，仕事のやりがいや仕事に対する興味を述べるのもよい。

■複数の企業を受験していることは言ってもいい？

同じ職種，同じ業種で何社かかけもちしている場合，正直に答えてもかまわない。しかし，「第一志望はどこですか」というような質問に対して，正直に答えるべきかどうかというと，やはりこれは疑問がある。どんな会社でも，他社を第一志望にあげられれば，やはり愉快には思わない。

また，職種や業種の異なる会社をいくつか受験する場合も同様で，極端に性格の違う会社をあげれば，その矛盾を突かれるのは必至だ。

2. 仕事に対する意識・職業観

採用試験の段階では，次年度の配属予定が具体的に固まっていない会社もかなりある。具体的に職種や部署などを細分化して募集している場合は別だが，そうでない場合は，希望職種をあまり狭く限定しないほうが賢明。どの業界においても，採用後，新入社員には，研修としてその会社の各セクションをひと通り経験させる企業は珍しくない。そのうえで，具体的な配属計画を検討するのだ。

大切なことは，就職や職業というものを，自分自身の生き方の中にどう位置づけるか，また，自分の生活の中で仕事とはどういう役割を果たすのかを考えてみること。つまり自分の能力を活かしたい，社会に貢献したい，自分の存在価値を社会的に実現してみたい，ある分野で何か自分の力を試してみたい……，などの場合を考え，それを自分自身の人生観，志望職種や業種などとの関係を考えて組み立ててみる。自分の人生観をもとに，それを自分の言葉で表現できるようにすることが大切。

3. 自己紹介・自己PR

性格そのものを簡単に変えたり，欠点を克服したりすることは実際には難しいが，"仕方がない"という姿勢を見せることは禁物で，どんなささいなことでも，努力している面をアピールする。また一般的にいって，専門職を除けば，就職時になんらかの資格や技能を要求する企業は少ない。

ただ，資格をもっていれば採用に有利とは限らないが，専門性を要する業種では考慮の対象とされるものもある。たとえば英検，簿記など。

企業が学生に要求しているのは，4年間の勉学を重ねた学生が，どのように仕事に有用であるかということで，学生の知識や学問そのものを聞くのが目的ではない。あくまで，社会人予備軍としての謙虚さと素直さを失わないようにする。

知識や学力よりも，その人の人間性，ビジネスマンとしての可能性を重視するからこそ，面接担当者は，学生生活全般について尋ねることで，書類だけでは分からない人間性を探ろうとする。

何かうち込んだものや思い出に残る経験などは，その人の人間的な成長になんらかの作用を及ぼしているものだ。どんな経験であっても，そこから受けた印象や教訓などは，明確に答えられるようにしておきたい。

4. 一般常識・時事問題

一般常識・時事問題については筆記試験の分野に属するが，面接でこうしたテーマがもち出されることも珍しくない。受験者がどれだけ社会問題に関心をもっているか，一般常識をもっているか，また物事の見方・考え方に偏りがないかなどを判定する。知識や教養だけではなく，一問一答の応答を通じて，その人の性格や適応能力まで判断されることになる。

07 面接に向けての事前準備

■面接試験1カ月前までには万全の準備をととのえる

●志望会社・職種の研究

新聞の経済欄や経済雑誌などのほか，会社年鑑，株式情報など書物による研究をしたり，インターネットにあがっている企業情報や，検索によりさまざまな角度から調べる。すでにその会社へ就職している先輩や知人に会って知識を得たり，大学のキャリアセンターへ情報を求めるなどして総合的に判断する。

■専攻科目の知識・卒論のテーマなどの整理

大学時代にどれだけ勉強してきたか，専攻科目や卒論のテーマなどを整理しておく。

■**時事問題に対する準備**

毎日欠かさず新聞を読む。志望する企業の話題は，就職ノートに整理するなどもアリ。

面接当日の必需品

❏ 必要書類（履歴書，卒業見込証明書，成績証明書，健康診断書，推薦状）
❏ 学生証
❏ 就職ノート（志望企業ファイル）
❏ 印鑑，朱肉
❏ 筆記用具（万年筆，ボールペン，サインペン，シャープペンなど）
❏ 手帳，ノート
❏ 地図（訪問先までの交通機関などをチェックしておく）
❏ 現金（小銭も用意しておく）
❏ 腕時計（オーソドックスなデザインのもの）
❏ ハンカチ，ティッシュペーパー
❏ くし，鏡（女性は化粧品セット）
❏ シューズクリーナー
❏ ストッキング
❏ 折りたたみ傘（天気予報をチェックしておく）
❏ 携帯電話，充電器

理論編 STEP6　筆記試験の種類

■一般常識試験

社会人として企業活動を行ううえで最低限必要となる一般常識のほか，
英語，国語，社会(時事問題)，数学などの知識の程度を確認するもの。

難易度はおおむね中学・高校の教科書レベル。一般常識の問題集を1冊やっ
ておけばよいが，業界によっては専門分野が出題されることもあるため，必ず
志望する企業のこれまでの試験内容は調べておく。

■一般常識試験の対策

・**英語**　慣れておくためにも，教科書を復習する，英字新聞を読むなど。

・**国語**　漢字，四字熟語，反対語，同音異義語，ことわざをチェック。

・**時事問題**　新聞や雑誌，テレビ，ネットニュースなどアンテナを張っておく。

■適性検査

SPI（Synthetic Personality Inventory）試験（SPI3試験）とも呼ばれ，能力
テストと性格テストを合わせたもの。

能力テストでは国語能力を測る「言語問題」と，数学能力を測る「非言語問題」
がある。言語的能力，知覚能力，数的能力のほか，思考・推理能力，記憶力，
注意力などの問題で構成されている。

性格テストは「はい」か「いいえ」で答えていく。仕事上の適性と性格の傾向
などが一致しているかどうかをみる。

SPIは職務への適応性を客観的にみるためのもの。

01 「論文」と「作文」

　一般に「論文」はあるテーマについて自分の意見を述べ，その論証をする文章で，必ず意見の主張とその論証という2つの部分で構成される。問題提起と論旨の展開，そして結論を書く。

　「作文」は，一般的には感想文に近いテーマ，たとえば「私の興味」「将来の夢」といったものがある。

　就職試験では「論文」と「作文」を合わせた"論作文"とでもいうようなものが出題されることが多い。

　論作文試験とは，「文章による面接」。テーマに書き手がどういう態度を持っているかを知ることが，出題の主な目的だ。受験者の知識・教養・人生観・社会観・職業観，そして将来への希望などが，どのような思考を経て，どう表現されているかによって，企業にとって，必要な人物かどうかを判断している。

　論作文の場合には，書き手の社会的意識や考え方に加え，「感銘を与える」働きが要求される。就職活動とは，企業に対し「自分をアピールすること」だということを常に念頭に置いておきたい。

Point

論文と作文の違い

	論　文	作　文
テーマ	学術的・社会的・国際的なテーマ。時事，経済問題など	個人的・主観的なテーマ。人生観，職業観など
表現	自分の意見や主張を明確に述べる。	自分の感想を述べる。
展開	四段型（起承転結）の展開が多い。	三段型（はじめに・本文・結び）の展開が多い。
文体	「だ調・である調」のスタイルが多い。	「です調・ます調」のスタイルが多い。

02 採点のポイント

・テーマ

与えられた課題（テーマ）を，受験者はどのように理解しているか。

出題されたテーマの意義をよく考え，それに対する自分の意見や感情が，十分に整理されているかどうか。

・表現力

課題について本人が感じたり，考えたりしたことを，文章で的確に表しているか。

・字・用語・その他

かなづかいや送りがなが合っているか，文中で引用されている格言やことわざの類が使用法を間違えていないか，さらに誤字・脱字に至るまで，文章の基本的な力が受験者の人柄ともからんで厳密に判定される。

・オリジナリティ

魅力がある文章とは，オリジナリティを率直に出すこと。自分の感情や意見を，自分の言葉で表現する。

・生活態度

文章は，書き手の人格や人柄を映し出す。平素の社会的関心や他人との協調性，趣味や読書傾向はどうであるかといった，受験者の日常における生き方，生活態度がみられる。

・字の上手・下手

できるだけ読みやすい字を書く努力をする。また，制限字数より文章が長くなって原稿用紙の上下や左右の空欄に書き足したりすることは避ける。消しゴムで消す場合にも，丁寧に。

いずれの場合でも，表面的な文章力を問うているのではなく，受験者の人柄のほうを重視している。

マナーチェックリスト

就活において企業の人事担当は，面接試験やOG／OB訪問，そして面接試験において，あなたのマナーや言葉遣いといった，「常識力」をチェックしている。現在の自分はどのくらい「常識力」が身についているかをチェックリストで振りかえり，何ができて，何ができていないかを明確にしたうえで，今後の取り組みに生かしていこう。

評価基準 　5：大変良い　4：やや良い　3：どちらともいえない　2：やや悪い　1：悪い

	項　目	評　価	メ　モ
挨拶	明るい笑顔と声で挨拶をしているか		
	相手を見て挨拶をしているか		
	相手より先に挨拶をしているか		
	お辞儀を伴った挨拶をしているか		
	直接の応対者でなくても挨拶をしているか		
表情	笑顔で応対しているか		
	表情に私的感情がでていないか		
	話しかけやすい表情をしているか		
	相手の話は真剣な顔で聞いているか		
身だしなみ	前髪は目にかかっていないか		
	髪型は乱れていないか／長い髪はまとめているか		
	髭の剃り残しはないか／化粧は健康的か		
	服は汚れていないか／清潔に手入れされているか		
	機能的で職業・立場に相応しい服装をしているか		
	華美なアクセサリーはつけていないか		
	爪は伸びていないか		
	靴下の色は適当か／ストッキングの色は自然な肌色か		
	靴の手入れは行き届いているか		
	ポケットに物を詰めすぎていないか		

項　目		評　価	メ　モ
言葉遣い	専門用語を使わず，相手にわかる言葉で話しているか		
	状況や相手に相応しい敬語を正しく使っているか		
	相手の聞き取りやすい音量・速度で話しているか		
	語尾まで丁寧に話しているか		
	気になる言葉癖はないか		
動作	物の授受は両手で丁寧に実施しているか		
	案内・指し示し動作は適切か		
	キビキビとした動作を心がけているか		
心構え	勤務時間・指定時間の5分前には準備が完了しているか		
	心身ともに健康管理をしているか		
	仕事とプライベートの切替えができているか		

☑ 常に自己点検をするクセをつけよう

「人を表情やしぐさ，身だしなみなどの見かけで判断してはいけない」と一般にいわれている。確かに，人の個性は見かけだけではなく，内面においても見いだされるもの。しかし，私たちは人を第一印象である程度決めてしまう傾向がある。それが面接試験など初対面の場合であればなおさらだ。したがって，チェックリストにあるような挨拶，表情，身だしなみ等に注意して面接試験に臨むことはとても重要だ。ただ，これらは面接試験前にちょっと対策したからといって身につくようなものではない。付け焼き刃的な対策をして面接試験に臨んでも，面接官はあっという間に見抜いてしまう。日頃からチェックリストにあるような項目を意識しながら行動することが大事であり，そうすることで，最初はぎこちない挨拶や表情等も，その人の個性に応じたすばらしい所作へ変わっていくことができるのだ。さっそく，本日から実行してみよう。

面接試験において，印象を決定づける表情はとても大事。

どのようにすれば感じのいい表情ができるのか，ポイントを確認していこう。

明るく,温和で 柔らかな表情をつくろう

人間関係の潤滑油

表情に関しては，まずは豊かである
ということがベースになってくる。う
れしい表情，困った表情，驚いた表
情など，さまざまな気持ちを表現で
きるということが，人間関係を潤いの
あるものにしていく。

Point

　表情はコミュニケーションの大前提。相手に「いつでも話しかけてくださ
いね」という無言の言葉を発しているのが，就活に求められる表情だ。面接
官が安心してコミュニケーションをとろうと思ってくれる表情。それが，明
るく，温和で柔らかな表情となる。

カンタンTraining

Training 01

喜怒哀楽を表してみよう

- ・人との出会いを楽しいと思うことが表情の基本
- ・表情を豊かにする大前提は相手の気持ちに寄り添うこと
- ・目元・口元だけでなく，眉の動きを意識することが大事

Training 02

表情筋のストレッチをしよう

- ・表情筋は「ウイスキー」の発音によって鍛える
- ・意識して毎日，取り組んでみよう
- ・笑顔の共有によって相手との距離が縮まっていく

コミュニケーションは挨拶から始まり，その挨拶ひとつで印象は変わるもの。
ポイントを確認していこう。

丁寧にしっかりと
はっきり挨拶をしよう

人間関係の第一歩

挨拶は心を開いて，相手に近づくコ
ミュニケーションの第一歩。たかが
挨拶，されど挨拶の重要性をわきま
えて，きちんとした挨拶をしよう。形，
つまり"技"も大事だが，心をこめ
ることが最も重要だ。

Point

　挨拶はコミュニケーションの第一歩。相手が挨拶するのを待っているの
は望ましくない。挨拶の際のポイントは丁寧であることと，はっきり声に出
すことの2つ。丁寧な挨拶は，相手を大事にして迎えている気持ちの表れ
となる。はっきり声に出すことで，これもきちんと相手を迎えていることが
伝わる。また，相手もその応答として挨拶してくれることで，会ってすぐに
双方向のコミュニケーションが成立する。

いますぐデキる
カンタンTraining

Training 01

3つのお辞儀をマスターしよう

① 会釈（15度）　　② 敬礼（30度）　　③ 最敬礼（45度）

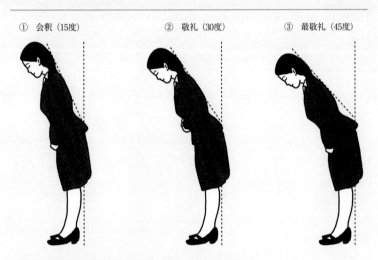

- ・息を吸うことを意識してお辞儀をするとキレイな姿勢に
- ・目線は真下ではなく，床前方1.5m先ぐらいを見よう
- ・相手への敬意を忘れずに

Training 02

対面時は言葉が先，お辞儀が後

- ・相手に体を向けて先に自ら挨拶をする
- ・挨拶時，相手とアイコンタクトを
  しっかり取ろう
- ・挨拶の後に，お辞儀をする。
  これを「語先後礼」という

コミュニケーションは「話す」よりも「聞く」ことといわれる。相手が話しやすい聞き方の，ポイントを確認しよう。

受容の立場で
傾聴しよう

相手の話を受けとめる

話を聞くときは，やや前に傾く姿勢をとる。表情と姿勢が合わさることにより，話し手の心が開き「あれも，これも話そう」という気持ちになっていく。また，「はい」と一度のお辞儀で頷くと相手の話を受け止めているというメッセージにつながる。

Point

　話をすること，話を聞いてもらうことは誰にとってもプレッシャーを伴うもの。そのため，「何でも話して良いんですよ」「何でも話を聞きますよ」「心配しなくて良いんですよ」という気持ちで聞くことが大切になる。その気持ちが聞く姿勢に表れれば，相手は安心して話してくれる。

いますぐデキる
カンタンTraining

Training 01
頷きは一度で

- 相手が話した後に「はい」と一言発する
- 頷きすぎは逆効果

Training 02
目線は自然に

- 鼻の付け根あたりを見ると自然な印象に
- 目を見つめすぎるのはNG

Training 03
話の句読点で視線を移す

- 視線は話している人を見ることが基本
- 複数の人の話を聞くときは句読点を意識し，視線を振り分けることで聞く姿勢を表す

実践編STEP4　伝わる話し方

自分の意思を相手に明確に伝えるためには，話し方が重要となる。はっきりと的確に話すためのポイントを確認しよう。

明るい発声を
心がけよう

ボリュームを意識して

話すときのポイントとしては，ボリュームを意識することが挙げられる。会議室の一番奥にいる人に声が届くように意識することで，声のボリュームはコントロールされていく。

Point

　コミュニケーションとは「伝達」すること。どのようなことも，適当に伝えるのではなく，伝えるべきことがきちんと相手に届くことが大切になる。そのためには，はっきりと，分かりやすく，丁寧に，心を込めて話すこと。言葉だけでなく，表情やジェスチャーを加えることも有効。

いますぐデキる
カンタンTraining

Training 01
腹式呼吸で発声練習

- 「あえいうえおあお」と発声する
- 腹式呼吸は，胸部をなるべく動かさずに，息を吸うときにお腹や腰が膨らむよう意識する呼吸法

Training 02
早口言葉にチャレンジ

おあやや
母親に
お謝り

- 「おあやや，母親に，お謝り」と早口で
- 口がすぼまった「お」と口が開いた「あ」の発音に，変化をつけられるかがポイント

Training 03
ジェスチャーを有効活用

- 腰より上でジェスチャーをする
- 体から離した位置に手をもっていく
- ジェスチャーをしたら戻すところをさだめておく

身だしなみはその人自身を表すもの。身だしなみの基本について，ポイントを確認しよう。

清潔感,さわやかさを
醸し出せるようにしよう

プロの企業人に
ふさわしい身だしなみを

信頼感，安心感をもたれる身だしなみを考えよう。TPOに合わせた服装は，すなわち"礼"を表している。そして，身だしなみには，「清潔感」，「品のよさ」，「控え目である」という，3つのポイントがある。

Point

相手との心理的な距離や物理的な距離が遠ければ，コミュニケーションは成立しにくくなる。見た目が不潔では誰も近付いてこない。身だしなみが清潔であること，爽やかであることは相手との距離を縮めることにも繋がる。

いますぐデキる

カンタンTraining

Training **01**

髪型，服装を整えよう

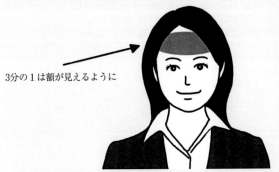

3分の1は額が見えるように

- 男性も女性も眉が見える髪型が望ましい。3分の1は額が見えるように。額は知性と清潔感を伝える場所。男性の髪の長さは耳や襟にかからないように
- スーツで相手の前に立つときは，ボタンはすべて留める。男性の場合は下のボタンは外す

Training **02**

おしゃれとの違いを明確に

- 爪はできるだけ切りそろえる
- 爪の中の汚れにも注意
- ジェルネイル，ネイルアートはNG

Training **03**

足元にも気を配って

- 女性の場合はパンプス，男性の場合は黒の紐靴が望ましい
- 靴はこまめに汚れを落とし見栄えよく

姿勢にはその人の意欲が反映される。前向き，活動的な姿勢を表すにはどうしたらよいか，ポイントを確認しよう。

前向き,活動的な姿勢を維持しよう

一直線と左右対称

正しい立ち姿として，耳，肩，腰，くるぶしを結んだ線が一直線に並んでいることが最大のポイントになる。そのラインが直線に近づくほど立ち姿がキレイに整っていることになる。また，"左右対称"というのもキレイな姿勢の要素のひとつになる。

Point

　姿勢は，身体と心の状態を反映するもの。そのため，良い姿勢でいることは，印象が清々しいだけでなく，健康で元気そうに見え，話しかけやすさにも繋がる。歩く姿勢，立つ姿勢，座る姿勢など，どの場面にも心身の健康状態が表れるもの。日頃から心身の健康状態に気を配り，フィジカルとメンタル両面の自己管理を心がけよう。

いますぐデキる
カンタンTraining

キレイな歩き方を心がけよう

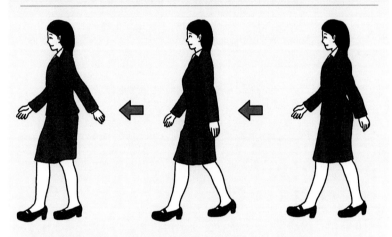

- 女性は1本の線上を，男性はそれよりも太い線上を沿うように歩く
- 一歩踏み出したときに前の足に体重を乗せるように，腰から動く
- 12時の方向につま先をもっていく

前向きな気持ちを持とう

- 常に前向きな気持ちが姿勢を正す
- ポジティブ思考を心がけよう

言葉遣いの正しさはとは，場面にあった言葉を遣うということ。相手を気づかいながら，言葉を選ぶことで，より正しい言葉に近づいていく。

相手と場面に合わせた
ふさわしい言葉遣いを

次の文は接客の場面でよくある間違えやすい敬語です。
それぞれの言い方は○×どちらでしょうか。

問1 「資料をご拝読いただきありがとうございます」

問2 「こちらのパンフレットはもういただかれましたか？」

問3 「恐れ入りますが，こちらの用紙にご記入してください」

問4 「申し訳ございませんが，来週，休ませていただきます」

問5 「先ほどの件，帰りましたら上司にご報告いたしますので」

Point

　ビジネスのシーンに敬語は欠くことができない。何度もやり取りをしていく中で，親しさの度合いによっては，あえてくだけた表現を用いることもあるが，「親しき仲にも礼儀あり」と言われるように，敬意や心づかいをおろそかにしてはいけないもの。相手に誤解されたり，相手の気分を壊すことのないように，相手や場面にふさわしい言葉遣いが大切になる。

解答と解説

問1 （×） ○正しい言い換え例

→「ご覧いただきありがとうございます」など

「拝読」は自分が「読む」意味の謙譲語なので，相手の行為に使うのは誤り。読むと見るは同義なため，多く，見るの尊敬語「ご覧になる」が用いられる。

問2 （×） ○正しい言い換え例

→「お持ちですか」「お渡ししましたでしょうか」 など

「いただく」は，食べる・飲む・もらうの謙譲語。「もらったかどうか」と聞きたいのだから，「おもらいになりましたか」と言えないこともないが，持っているかどうか，受け取ったかどうかという意味で「お持ちですか」などが使われることが多い。また，自分側が渡すような場合は，「お渡しする」を使って「お渡ししましたでしょうか」などの言い方に換えることもできる。

問3 （×） ○正しい言い換え例

→「恐れ入りますが，こちらの用紙にご記入ください」など

「ご記入する」の「お（ご）〜する」は謙譲語の形。相手の行為を謙譲語で表すことになるため誤り。「して」を取り除いて「ご記入ください」か，和語に言い換えて「お書きください」とする。ほかにも「お書き／ご記入・いただけますでしょうか・願います」などの表現もある。

問4 （△）

有給休暇を取る場合や，弔事等で休むような場面で，用いられることも多い。「休ませていただく」ということで一見丁寧に響くが，「来週休むと自分で休みを決めている」という勝手な表現にも受け取られかねない言葉だ。ここは同じ「させていただく」を用いても，相手の都合をうかがう言い方に換えて「○○がございまして，申し訳ございませんが，休みをいただいてもよろしいでしょうか」などの言い換えが好ましい。

問5 （×）○正しい言い換え例

→「上司に報告いたします」

「ご報告いたします」は，ソトの人との会話で使うとするならば誤り。「ご報告いたします」の「お・ご〜いたす」は，「お・ご〜する」と「〜いたす」という2つの敬語を含む言葉。そのうちの「お・ご〜する」は，主語である自分を低めて相手＝上司を高める働きをもつ表現（謙譲語Ⅰ）。一方「〜いたす」は，主語の私を低めて，話の聞き手に対して丁重に述べる働きをもつ表現（謙譲語Ⅱ　丁重語）。「お・ご〜する」も「〜いたす」も同じ謙譲語であるため紛らわしいが，主語を低める（謙譲）という働きは同じでも，行為の相手を高める働きがあるかないかという点に違いがあるといえる。

敬語は正しく使用することで，相手の印象を大きく変えることができる。尊敬語，謙譲語の区別をはっきりつけて，誤った用法で話すことのないように気をつけよう。

言葉の使い方が
マナーを表す!

■よく使われる尊敬語の形　「言う・話す・説明する」の例

専用の尊敬語型	おっしゃる
～れる・～られる型	言われる・話される・説明される
お（ご）～になる型	お話しになる・ご説明になる
お（ご）～なさる型	お話しなさる・ご説明なさる

■よく使われる謙譲語の形　「言う・話す・説明する」の例

専用の謙譲語型	申す・申し上げる
お（ご）～する型	お話しする・ご説明する
お（ご）～いたす型	お話しいたします・ご説明いたします

Point

　同じ尊敬語・謙譲語でも，よく使われる代表的な形がある。ここではその一例をあげてみた。敬語の使い方に迷ったときなどは，まずはこの形を思い出すことで，大抵の語はこの型にはめ込むことができる。同じ言葉を用いたほうがよりわかりやすいといえるので，同義に使われる「言う・話す・説明する」を例に考えてみよう。
　ほかにも「お話しくださる」や「お話しいただく」「お元気でいらっしゃる」などの形もあるが，まずは表の中の形を見直そう。

■よく使う動詞の尊敬語・謙譲語

なお，尊敬語の中の「言われる」などの「れる・られる」を付けた形は省力している。

基本	尊敬語（相手側）	謙譲語（自分側）
会う	お会いになる	お目にかかる・お会いする
言う	おっしゃる	申し上げる・申す
行く・来る	いらっしゃる おいでになる お見えになる お越しになる お出かけになる	伺う・参る お伺いする・参上する
いる	いらっしゃる・おいでになる	おる
思う	お思いになる	存じる
借りる	お借りになる	拝借する・お借りする
聞く	お聞きになる	拝聴する 拝聞する お伺いする・伺う お聞きする
知る	ご存じ（知っているという意で）	存じ上げる・存じる
する	なさる	いたす
食べる・飲む	召し上がる・お召し上がりになる お飲みになる	いただく・頂戴する
見る	ご覧になる	拝見する
読む	お読みになる	拝読する

「お伺いする」「お召し上がりになる」などは，「伺う」「召し上がる」自体が敬語なので「二重敬語」ですが，慣習として定着しており間違いではないもの。

Point

上記の「敬語表」は，よく使うと思われる動詞をそれぞれ尊敬語・謙譲語で表したもの。このように大体の言葉は型にあてはめることができる。言葉の中には「お（ご）」が付かないものもあるが，その場合でも「～なさる」を使って，「スピーチなさる」や「運営なさる」などと言うことができる。また，表では，「言う」の尊敬語「言われる」の例は省いているが，れる・られる型の「言われる」よりも「おっしゃる」「お話しになる」「お話しなさる」などの言い方のほうが，より敬意も高く，言葉としても何となく響きが落ち着くといった印象を受けるものとなる。

会話は相手があってのこと。いかなる場合でも，相手に対する心くばりを忘れないことが，会話をスムーズに進めるためのコツになる。

心くばりを添えるひと言で
言葉の印象が変わる!

　相手に何かを頼んだり，また相手の依頼を断ったり，相手の抗議に対して反論したりする場面では，いきなり自分の意見や用件を切り出すのではなく，場面に合わせて心くばりを伝えるひと言を添えてから本題に移ると，響きがやわらかくなり，こちらの意向も伝えやすくなる。俗にこれは「クッション言葉」と呼ばれている。（右表参照）

Point

　ビジネスの場面で，相手と話したり手紙やメールを送る際には，何か依頼事があってという場合が多いもの。その場合に「ちょっとお願いなんですが…」では，ふだんの会話と変わりがないものになってしまう。そこを「突然のお願いで恐れ入りますが」「急にご無理を申しまして」「こちらの勝手で恐縮に存じますが」「折り入ってお願いしたいことがございまして」などの一言を添えることで，直接的なきつい感じが和らぐだけでなく，「申し訳ないのだけれど，もしもそうしていただくことができればありがたい」という，相手への配慮や願いの気持ちがより強まる。このような前置きの言葉もうまく用いて，言葉に心くばりを添えよう。

相手の意向を尋ねる場合	「よろしければ」「お差し支えなければ」 「ご都合がよろしければ」「もしお時間がありましたら」 「もしお嫌いでなければ」「ご興味がおありでしたら」
相手に面倒を かけてしまうような場合	「お手数をおかけしますが」 「ご面倒をおかけしますが」 「お手を煩わせまして恐縮ですが」 「お忙しい時に申し訳ございませんが」 「お時間を割いていただき申し訳ありませんが」 「貴重なお時間を頂戴し恐縮ですが」
自分の都合を 述べるような場合	「こちらの勝手で恐縮ですが」 「こちらの都合（ばかり）で申し訳ないのですが」 「私どもの都合ばかりを申しまして，まことに申し訳なく存じますが」 「ご無理を申し上げまして恐縮ですが」
急な話をもちかけた場合	「突然のお願いで恐れ入りますが」 「急にご無理を申しまして」 「もっと早くにご相談申し上げるべきところでございましたが」 「差し迫ってのことでまことに申し訳ございませんが」
何度もお願いする場合	「たびたびお手数をおかけしまして恐縮に存じますが」 「重ね重ね恐縮に存じますが」 「何度もお手を煩わせまして申し訳ございませんが」 「ご面倒をおかけしてばかりで，まことに申し訳ございませんが」
難しいお願いをする場合	「ご無理を承知でお願いしたいのですが」 「たいへん申し上げにくいのですが」 「折り入ってお願いしたいことがございまして」
あまり親しくない相手に お願いする場合	「ぶしつけなお願いで恐縮ですが」 「ぶしつけながら」 「まことに厚かましいお願いでございますが」
相手の提案・誘いを断る場合	「申し訳ございませんが」 「（まことに）残念ながら」 「せっかくのご依頼ではございますが」 「たいへん恐縮ですが」 「身に余るお言葉ですが」 「まことに失礼とは存じますが」 「たいへん心苦しいのですが」 「お引き受けしたいのはやまやまですが」
問い合わせの場合	「つかぬことをうかがいますが」 「突然のお尋ねで恐縮ですが」

ここでは文章の書き方における，一般的な敬称について言及している。はがき，手紙，メール等，通信手段はさまざま。それぞれの特性をふまえて有効活用しよう。

相手の気持ちになって
見やすく美しく書こう

■敬称のいろいろ

敬称	使う場面	例
様	職名・役職のない個人	（例）飯田知子様／ご担当者様／経理部長　佐藤一夫様
殿	職名・組織名・役職のある個人（公用文など）	（例）人事部長殿／教育委員会殿／田中四郎殿
先生	職名・役職のない個人	（例）松井裕子先生
御中	企業・団体・官公庁などの組織	（例）○○株式会社御中
各位	複数あてに同一文書を出すとき	（例）お客様各位／会員各位

Point

　封筒・はがきの表書き・裏書きは縦書きが基本だが，洋封筒で親しい人にあてる場合は，横書きでも問題ない。いずれにせよ，定まった位置に，丁寧な文字でバランス良く，正確に記すことが大切。特に相手の住所や名前を乱雑な文字で書くのは，配達の際の間違いを引き起こすだけでなく，受け取る側に不快な思いをさせる。相手の気持ちになって，見やすく美しく書くよう心がけよう。

■各通信手段の長所と短所

	長所	短所	用途
封書	・封を開けなければ本人以外の目に触れることがない。 ・丁寧な印象を受ける。	・多量の資料・画像送付には不向き。 ・相手に届くまで時間がかかる。	・儀礼的な文書(礼状・わび状など) ・目上の人あての文書 ・重要な書類 ・他人に内容を読まれたくない文書
はがき・カード	・封書よりも気軽にやり取りできる。 ・年賀状や季節の便り,旅先からの連絡など絵はがきとしても楽しむことができる。	・封に入っていないため,第三者の目に触れることがある。 ・中身が見えるので,改まった礼状やわび状,こみ入った内容には不向き。 ・相手に届くまで時間がかかる。	・通知状　　　・案内状 ・送り状　　　・旅先からの便り ・各種お祝い　・お礼 ・季節の挨拶
FAX	・手書きの図やイラストを文章といっしょに送れる。 ・すぐに届く。 ・控えが手元に残る。	・多量の資料の送付には不向き。 ・事務的な用途で使われることが多く,改まった内容の文書,初対面の人へは不向き。	・地図,イラストの入った文書 ・印刷物(本・雑誌など)
電話	・急ぎの連絡に便利。 ・相手の反応をすぐに確認できる。 ・直接声が聞けるので,安心感がある。	・連絡できる時間帯が制限される。 ・長々としたこみ入った内容は伝えづらい。	・緊急の用件 ・確実に用件を伝えたいとき
メール	・瞬時に届く。　　・控えが残る。 ・コストが安い。 ・大容量の資料や画像をデータで送ることができる。 ・一度に大勢の人に送ることができる。 ・相手の居場所や状況を気にせず送れる。	・事務的な印象を与えるので,改まった礼状やわび状には不向き。 ・パソコンや携帯電話を持っていない人には送れない。 ・ウィルスなどへの対応が必要。	・データで送りたいとき ・ビジネス上の連絡

Point

　はがきは手軽で便利だが,おわびやお願い,格式を重んじる手紙には不向きとなる。この種の手紙は内容もこみ入ったものとなり,加えて丁寧な文章で書かなければならないので,数行で済むことはまず考えられない。また,封筒に入っていないため,他人の目に触れるという難点もある。このように,はがきにも長所と短所があるため,使う場面や相手によって,他の通信手段と使い分けることが必要となる。

　はがき以外にも,封書・電話・FAX・メールなど,現代ではさまざまな通信手段がある。上に示したように,それぞれ長所と短所があるので,特徴を知って用途によって上手に使い分けよう。

　社会人のマナーとして，電話応対のスキルは必要不可欠。まずは失礼なく電話に出ることからはじめよう。積極性が重要だ。

相手の顔が見えない分
対応には細心の注意を

■電話をかける場合

① 　○○先生に電話をする

　×「私，□□社の××と言いますが，○○様はおられますでしょうか？」

　○「××と申しますが，○○様はいらっしゃいますか？」

「おられますか」は「おる」を謙譲語として使うため，通常は相手がいるかどうかに関しては，「いらっしゃる」を使うのが一般的。

② 　相手の状況を確かめる

　×「こんにちは，××です，先日のですね…」

　○「××です，先日は有り難うございました，今お時間よろしいでしょうか？」

　相手が忙しくないかどうか，状況を聞いてから話を始めるのがマナー。また，やむを得ず夜間や早朝，休日などに電話をかける際は，「夜分（朝早く）に申し訳ございません」「お休みのところ恐れ入ります」などのお詫びの言葉もひと言添えて話す。

③ 　相手が不在，何時ごろ戻るかを聞く場合

　×「戻りは何時ごろですか？」

　○「何時ごろお戻りになりますでしょうか？」

「戻り」はそのままの言い方，相手にはきちんと尊敬語を使う。

④ 　また自分からかけることを伝える

　×「そうですか，ではまたかけますので」

　○「それではまた後ほど（改めて）お電話させていただきます」

　戻る時間がわかる場合は，「またお戻りになりましたころにでも」「また午後にでも」などの表現もできる。

■電話を受ける場合

① 電話を取ったら

× 「はい，もしもし，○○（社名）ですが」

○ **「はい，○○（社名）でございます」**

② 相手の名前を聞いて

× 「どうも，どうも」

○ **「いつもお世話になっております」**

あいさつ言葉として定着している決まり文句ではあるが，日頃のお付き合いがあってこそ。あいさつ言葉もきちんと述べよう。「お世話様」という言葉も時折耳にするが，敬意が軽い言い方となる。適切な言葉を使い分けよう。

③ 相手が名乗らない

× 「どなたですか？」「どちらさまですか？」

○ **「失礼ですが，お名前をうかがってもよろしいでしょうか？」**

名乗るのが基本だが，尋ねる態度も失礼にならないように適切な応対を心がけよう。

④ 電話番号や住所を教えてほしいと言われた場合

× 「はい，いいでしょうか？」　　× 「メモのご用意は？」

○ **「はい，申し上げます，よろしいでしょうか？」**

「メモのご用意は？」は，一見親切なようにも聞こえるが，尋ねる相手も用意していることがほとんど。押し付けがましくならない程度に。

⑤ 上司への取次を頼まれた場合

× 「はい，今代わります」　　× 「○○部長ですね，お待ちください」

○ **「部長の○○でございますね，ただいま代わりますので，少々お待ちくださいませ」**

○○部長という表現は，相手側の言い方となる。自分側を述べる場合は，「部長の○○」「○○」が適切。

Point

自分から電話をかける場合は，まずは自分の会社名や氏名を名乗るのがマナー。たとえ目的の相手が直接出た場合でも，電話では相手の様子が見えないことがほとんど。自分の勝手な判断で話し始めるのではなく，相手の都合を伺い，そのうえで話を始めるのが社会人として必要な気配りとなる。

デキるオトナをアピール
時候の挨拶

月	漢語調の表現 候，みぎりなどを付けて用いられます	口語調の表現
1月 (睦月)	初春・新春・頌春・小寒・大寒・厳寒	皆様におかれましては，よき初春をお迎えのことと存じます／厳しい寒さが続いております／珍しく暖かな寒の入りとなりました／大寒という言葉通りの厳しい寒さでございます
2月 (如月)	春寒・余寒・残寒・立春・梅花・向春	立春とは名ばかりの寒さ厳しい毎日でございます／梅の花もちらほらとふくらみ始め，春の訪れを感じる今日この頃です／春の訪れが待ち遠しいこのごろでございます
3月 (弥生)	早春・浅春・春寒・春分・春暖	寒さもようやくゆるみ，日ましに春めいてまいりました／ひと雨ごとに春めいてまいりました／日増しに暖かさが加わってまいりました
4月 (卯月)	春暖・陽春・桜花・桜花爛漫	桜花爛漫の季節を迎えました／春光うららかな好季節となりました／花冷えとでも申しましょうか，何だか肌寒い日が続いております
5月 (皐月)	新緑・薫風・惜春・晩春・立夏・若葉	風薫るさわやかな季節を迎えました／木々の緑が目にまぶしいようでございます／目に青葉，山ほととぎす，初鰹の句も思い出される季節となりました
6月 (水無月)	梅雨・向暑・初夏・薄暑・麦秋	初夏の風もさわやかな毎日でございます／梅雨前線が近づいてまいりました／梅雨の晴れ間にのぞく青空は，まさに夏を思わせるようです
7月 (文月)	盛夏・大暑・炎暑・酷暑・猛暑	梅雨が明けたとたん，うだるような暑さが続いております／長い梅雨も明け，いよいよ本格的な夏がやってまいりました／風鈴の音がわずかに涼を運んでくれているようです
8月 (葉月)	残暑・晩夏・処暑・秋暑	立秋とはほんとうに名ばかりの厳しい暑さの毎日です／残暑たえがたい毎日でございます／朝夕はいくらかしのぎやすくなってまいりました
9月 (長月)	初秋・新秋・爽秋・新涼・清涼	九月に入りましてもなお，日差しの強い毎日です／暑さもやっとおとろえはじめたようでございます／残暑も去り，ずいぶんとしのぎやすくなってまいりました
10月 (神無月)	清秋・錦秋・秋涼・秋冷・寒露	秋風もさわやかな過ごしやすい季節となりました／街路樹の葉も日ごとに色を増しております／紅葉の便りの聞かれるころとなりました／秋深く，日増しに冷気も加わってまいりました
11月 (霜月)	晩秋・暮秋・霜降・初霜・向寒	立冬を迎え，まさに冬到来を感じる寒さです／木枯らしの季節になりました／日ごとに冷気が増すようでございます／朝夕はひときわ冷え込むようになりました
12月 (師走)	寒冷・初冬・師走・歳晩	師走を迎え，何かと慌ただしい日々をお過ごしのことと存じます／年の瀬も押しつまり，何かとお忙しくお過ごしのことと存じます／今年も残すところわずかとなりました，お忙しい毎日とお察しいたします

いますぐデキる
シチュエーション別会話例

シチュエーション1　取引先との会話

「非常に素晴らしいお話で感心しました」→NG！

　「感心する」は相手の立派な行為や，優れた技量などに心を動かされるという意味。意味としては間違いではないが，目上の人に用いると，偉そうに聞こえかねない表現。「感動しました」などに言い換えるほうが好ましい。

シチュエーション2　子どもとの会話

「お母さんは，明日はいますか？」→NG！

　たとえ子どもとの会話でも，子どもの年齢によっては，ある程度の敬語を使うほうが好ましい。「明日はいらっしゃいますか」では，むずかしすぎると感じるならば，「お出かけですか」などと表現することもできる。

シチュエーション3　同僚との会話

「今，お暇ですか」→NG？

　同じ立場同士なので，暇に「お」が付いた形で「お暇」ぐらいでも構わないともいえるが，「暇」というのは，するべきことも何もない時間という意味。そのため「お暇ですか」では，あまりにも直接的になってしまう。その意味では「手が空いている」→「空いていらっしゃる」→「お手透き」などに言い換えることで，やわらかく敬意も含んだ表現になる。

シチュエーション4　上司との会話

「なるほどですね」→NG！

　「なるほど」とは，相手の言葉を受けて，自分も同意見であることを表すため，相手の言葉・意見を自分が評価するというニュアンスも含まれている。そのため自分が評価して述べているという偉そうな表現にもなりかねない。同じ同意ならば，頷き「おっしゃる通りです」などの言葉のほうが誤解なく伝わる。

就活スケジュールシート

■年間スケジュールシート

1月	2月	3月	4月	5月	6月
企業関連スケジュール					
自己の行動計画					

就職活動をすすめるうえで，当然重要になってくるのは，自己のスケジュール管理だ。企業の選考スケジュールを把握することも大切だが，自分のペースで進めることになる自己分析や業界・企業研究，面接試験のトレーニング等の計画を立てることも忘れてはいけない。スケジュールシートに「記入」する作業を通して，短期・長期の両方の面から就職試験を考えるきっかけにしよう。

7月	8月	9月	10月	11月	12月
企業関連スケジュール					
自己の行動計画					

第**4**章

SPI対策

ほとんどの企業では，基本的な資質や能力を見極める
ため適性検査を実施しており，現在最も使われている
のがリクルートが開発した「SPI」である。

テストの内容は，「言語能力」「非言語能力」「性格」
の3つに分かれている。その人がどんな人物で，どん
な仕事で力を発揮しやすいのか，また，どんな組織に
なじみやすいかなどを把握するために行われる。

この章では，SPIの「言語能力」及び「非言語能力」の
分野で，頻出内容を絞って，演習問題を構成している。
演習問題に複数回チャレンジし，解説をしっかりと熟
読して，学習効果を高めよう。

SPI 対策

●SPIとは

SPIは, Synthetic Personality Inventoryの略称で, 株式会社リクルートが開発・販売を行っている就職採用向けのテストである。昭和49年から提供が始まり, 平成14年と平成25年の2回改訂が行われ, 現在はSPI3が最新になる。

SPIは, 応募者の仕事に対する適性, 職業の適性能力, 興味や関心を見極めるのに適しており, 現在の就職採用テストでは主流となっている。

SPIは, 「知的能力検査」と「性格検査」の2領域にわけて測定され, 知的能力検査は「言語能力検査(国語)」と「非言語能力検査(数学)」に分かれている。オプション検査として, 「英語(ENG)検査」を実施することもある。性格適性検査では, 性格を細かく分析するために, 非常に多くの質問が出される。SPIの性格適性検査では, 正式な回答はなく, 全ての質問に正直に答えることが重要である。

本章では, その中から, 「言語能力検査」と「非言語能力検査」に絞って収録している。

●SPIを利用する企業の目的

①：志望者から人数を絞る

一部上場企業にもなると, 数万単位の希望者が応募してくる。基本的な資質能力や会社への適性能力を見極めるため, SPIを使って, 人数の絞り込みを行う。

②：知的能力を見極める

SPIは, 応募者1人1人の基本的な知的能力を比較することができ, それによって, 受検者の相対的な知的能力を見極めることが可能になる。

③：性格をチェックする

その職種に対する適性があるが, 300程度の簡単な質問によって発想力やパーソナリティを見ていく。性格検査なので, 正解というものはなく, 正直に回答していくことが重要である。

●SPIの受検形式

　SPIは，企業の会社説明会や会場で実施される「ペーパーテスト形式」と，パソコンを使った「テストセンター形式」とがある。

　近年，ペーパーテスト形式は減少しており，ほとんどの企業が，パソコンを使ったテストセンター形式を採用している。志望する企業がどのようなテストを採用しているか，早めに確認し，対策を立てておくこと。

●SPIの出題形式

　SPIは，言語分野，非言語分野，英語（ENG），性格適性検査に出題形式が分かれている。

科目	出題範囲・内容
言語分野	二語の関係，語句の意味，語句の用法，文の並び換え，空欄補充，熟語の成り立ち，文節の並び換え，長文読解　等
非言語分野	推論，場合の数，確率，集合，損益算，速度算，表の読み取り，資料の読み取り，長文読み取り　等
英語（ENG）	同意語，反意語，空欄補充，英英辞書，誤文訂正，和文英訳，長文読解　等
性格適性検査	質問：300問程度　時間：約35分

●受検対策

　本章では，出題が予想される問題を厳選して収録している。問題と解答だけではなく，詳細な解説も収録しているので，分からないところは複数回問題を解いてみよう。

言語分野

同音異義語

●あいせき
哀惜　死を悲しみ惜しむこと
愛惜　惜しみ大切にすること

●いぎ
意義　意味・内容・価値
異議　他人と違う意見
威儀　いかめしい挙動
異義　異なった意味

●いし
意志　何かをする積極的な気持ち
意思　しようとする思い・考え

●いどう
異同　異なり・違い・差
移動　場所を移ること
異動　地位・勤務の変更

●かいこ
懐古　昔を懐かしく思うこと
回顧　過去を振り返ること
解雇　仕事を辞めさせること

●かいてい
改訂　内容を改め直すこと
改定　改めて定めること

●かんしん
関心　気にかかること
感心　心に強く感じること
歓心　嬉しいと思う心

寒心　肝を冷やすこと

●きてい
規定　規則・定め
規程　官公庁などの規則

●けんとう
見当　だいたいの推測・判断・
　　　めあて
検討　調べ究めること

●こうてい
工程　作業の順序
行程　距離・みちのり

●じき
直　　すぐに
時期　時・折り・季節
時季　季節・時節
時機　適切な機会

●しゅし
趣旨　趣意・理由・目的
主旨　中心的な意味

●たいけい
体型　人の体格
体形　人や動物の形態
体系　ある原理に基づき個々のも
　　　のを統一したもの
大系　系統立ててまとめた叢書

●たいしょう

対象　行為や活動が向けられる相手

対称　対応する位置にあること

対照　他のものと照らし合わせること

●たんせい

端正　人の行状が正しくきちんとしているさま

端整　人の容姿が整っているさま

●はんざつ

繁雑　ごたごたと込み入ること

煩雑　煩わしく込み入ること

●ほしょう

保障　保護して守ること

保証　確かだと請け合うこと

補償　損害を補い償うこと

●むち

無知　知識・学問がないこと

無恥　恥を知らないこと

●ようけん

要件　必要なこと

用件　なすべき仕事

同訓漢字

●あう

合う…好みに合う。答えが合う。

会う…客人と会う。立ち会う。

遭う…事故に遭う。盗難に遭う。

●あげる

上げる…プレゼントを上げる。効果を上げる。

挙げる…手を挙げる。全力を挙げる。

揚げる…凧を揚げる。てんぷらを揚げる。

●あつい

暑い…夏は暑い。暑い部屋。

熱い…熱いお湯。熱い視線を送る。

厚い…厚い紙。面の皮が厚い。

篤い…志の篤い人。篤い信仰。

●うつす

写す…写真を写す。文章を写す。

映す…映画をスクリーンに映す。鏡に姿を映す。

●おかす

冒す…危険を冒す。病に冒された人。

犯す…犯罪を犯す。法律を犯す。

侵す…領空を侵す。プライバシーを侵す。

●おさめる

治める…領地を治める。水を治める。

収める…利益を収める。争いを収める。

修める…学問を修める。身を修める。

納める…税金を納める。品物を納める。

●かえる

変える…世界を変える。性格を変える。

代える…役割を代える。背に腹は代えられぬ。

替える…円をドルに替える。服を
　　　　替える。

●きく
聞く…うわさ話を聞く。明日の天
　　　　気を聞く。
聴く…音楽を聴く。講義を聴く。

●しめる
閉める…門を閉める。ドアを閉め
　　　　る。
締める…ネクタイを締める。気を
　　　　引き締める。
絞める…首を絞める。絞め技をか
　　　　ける。

●すすめる
進める…足を進める。話を進める。
勧める…縁談を勧める。加入を勧
　　　　める。
薦める…生徒会長に薦める。

●つく
付く…傷が付いた眼鏡。気が付く。
着く…待ち合わせ場所の公園に着
　　　　く。地に足が着く。

就く…仕事に就く。外野の守備に
　　　　就く。

●つとめる
務める…日本代表を務める。主役
　　　　を務める。
努める…問題解決に努める。療養
　　　　に努める。
勤める…大学に勤める。会社に勤
　　　　める。

●のぞむ
望む…自分の望んだ夢を追いかけ
　　　　る。
臨む…記者会見に臨む。決勝に臨
　　　　む。

●はかる
計る…時間を計る。将来を計る。
測る…飛行距離を測る。水深を測
　　　　る。

●みる
見る…月を見る。ライオンを見る。
診る…患者を診る。脈を診る。

演習問題

1　カタカナで記した部分の漢字として適切なものはどれか。
　　1　手続きがハンザツだ　　　　　　　【汎雑】
　　2　誤りをカンカすることはできない　【観過】
　　3　ゲキヤクなので取扱いに注意する　【激薬】
　　4　クジュウに満ちた選択だった　　　【苦重】
　　5　キセイの基準に従う　　　　　　　【既成】

2 下線部の漢字として適切なものはどれか。

家で飼っている熱帯魚を<u>かんしょう</u>する。

1 干渉
2 観賞
3 感傷
4 勧奨
5 鑑賞

3 下線部の漢字として適切なものはどれか。

彼に責任を<u>ついきゅう</u>する。

1 追窮
2 追究
3 追給
4 追求
5 追及

4 下線部の語句について，両方とも正しい表記をしているものはどれか。

1 私と母とは<u>相生</u>がいい。 ・この歌を<u>愛唱</u>している。
2 それは<u>規成</u>の事実である。 ・<u>既製品</u>を買ってくる。
3 <u>同音異義語</u>を見つける。 ・会議で<u>意議</u>を申し立てる。
4 選挙の<u>大勢</u>が決まる。 ・作曲家として<u>大成</u>する。
5 <u>無常</u>の喜びを味わう。 ・<u>無情</u>にも雨が降る。

5 下線部の漢字として適切なものはどれか。

彼の体調は<u>かいほう</u>に向かっている。

1 介抱
2 快方
3 解放
4 回報
5 開放

○○○解答・解説○○○

1 5

解説 1 「煩雑」が正しい。「汎」は「汎用(はんよう)」などと使う。
2 「看過」が正しい。「観」は「観光」や「観察」などと使う。 3 「劇薬」
が正しい。「少量の使用であってもはげしい作用のするもの」という意味
であるが「激」を使わないことに注意する。 4 「苦渋」が正しい。苦し
み悩むという意味で,「苦悩」と同意であると考えてよい。 5 「既成概
念」などと使う場合もある。同音で「既製」という言葉があるが,これは
「既製服」や「既製品」という言葉で用いる。

2 2

解説 同音異義語や同訓異字の問題は,その漢字を知っているだけで
は対処できない。「植物や魚などの美しいものを見て楽しむ」場合は「観
賞」を用いる。なお,「芸術作品」に関する場合は「鑑賞」を用いる。

3 5

解説 「ついきゅう」は,特に「追究」「追求」「追及」が頻出である。「追
究」は「あることについて徹底的に明らかにしようとすること」,「追求」
は「あるものを手に入れようとすること」,「追及」は「後から厳しく調べ
ること」という意味である。ここでは,「責任」という言葉の後にあるので,
「厳しく」という意味が含まれている「追及」が適切である。

4 4

解説 1の「相生」は「相性」,2の「規成」は「既成」,3の「意議」は「異
議」,5の「無常」は「無上」が正しい。

5 2

解説 「快方」は「よい方向に向かっている」という意味である。なお,
1は病気の人の世話をすること,3は束縛を解いて自由にすること,4は
複数人で回し読む文書,5は出入り自由として開け放つ,の意味。

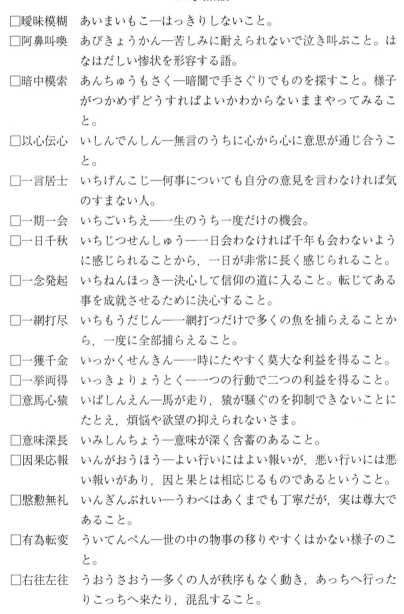

熟語

四字熟語

□曖昧模糊　あいまいもこ—はっきりしないこと。

□阿鼻叫喚　あびきょうかん—苦しみに耐えられないで泣き叫ぶこと。はなはだしい惨状を形容する語。

□暗中模索　あんちゅうもさく—暗闇で手さぐりでものを探すこと。様子がつかめずどうすればよいかわからないままやってみること。

□以心伝心　いしんでんしん—無言のうちに心から心に意思が通じ合うこと。

□一言居士　いちげんこじ—何事についても自分の意見を言わなければ気のすまない人。

□一期一会　いちごいちえ——生のうち一度だけの機会。

□一日千秋　いちじつせんしゅう——日会わなければ千年も会わないように感じられることから，一日が非常に長く感じられること。

□一念発起　いちねんほっき—決心して信仰の道に入ること。転じてある事を成就させるために決心すること。

□一網打尽　いちもうだじん——網打つだけで多くの魚を捕らえることから，一度に全部捕らえること。

□一獲千金　いっかくせんきん——時にたやすく莫大な利益を得ること。

□一挙両得　いっきょりょうとく——つの行動で二つの利益を得ること。

□意馬心猿　いばしんえん—馬が走り，猿が騒ぐのを抑制できないことにたとえ，煩悩や欲望の抑えられないさま。

□意味深長　いみしんちょう—意味が深く含蓄のあること。

□因果応報　いんがおうほう—よい行いにはよい報いが，悪い行いには悪い報いがあり，因と果とは相応じるものであるということ。

□慇懃無礼　いんぎんぶれい—うわべはあくまでも丁寧だが，実は尊大であること。

□有為転変　ういてんぺん—世の中の物事の移りやすくはかない様子のこと。

□右往左往　うおうさおう—多くの人が秩序もなく動き，あっちへ行ったりこっちへ来たり，混乱すること。

□右顧左眄　うこさべん―右を見たり，左を見たり，周囲の様子ばかりうかがっていて決断しないこと。

□有象無象　うぞうむぞう―世の中の無形有形の一切のもの。たくさん集まったつまらない人々。

□海千山千　うみせんやません―経験を積み，その世界の裏まで知り抜いている老獪な人。

□紆余曲折　うよきょくせつ―まがりくねっていること。事情が込み入って，状況がいろいろ変化すること。

□雲散霧消　うんさんむしょう―雲や霧が消えるように，あとかたもなく消えること。

□栄枯盛衰　えいこせいすい―草木が繁り，枯れていくように，盛んになったり衰えたりすること。世の中の浮き沈みのこと。

□栄耀栄華　えいようえいが―権力や富貴をきわめ，おごりたかぶること。

□会者定離　えしゃじょうり―会う者は必ず離れる運命をもつということ。人生の無常を説いたことば。

□岡目八目　おかめはちもく―局外に立ち，第三者の立場で物事を観察すると，その是非や損失がよくわかるということ。

□温故知新　おんこちしん―古い事柄を究め新しい知識や見解を得ること。

□臥薪嘗胆　がしんしょうたん―たきぎの中に寝，きもをなめる意で，目的を達成するために苦心，苦労を重ねること。

□花鳥風月　かちょうふうげつ―自然界の美しい風景，風雅のこころ。

□我田引水　がでんいんすい―自分の利益となるように発言したり行動したりすること。

□画竜点睛　がりょうてんせい―竜を描いて最後にひとみを描き加えたところ，天に上ったという故事から，物事を完成させるために最後に付け加える大切な仕上げ。

□夏炉冬扇　かろとうせん―夏の火鉢，冬の扇のようにその場に必要のない事物。

□危急存亡　ききゅうそんぼう―危機が迫ってこのまま生き残れるか滅びるかの瀬戸際。

□疑心暗鬼　ぎしんあんき―心の疑いが妄想を引き起こして実際にはいない鬼の姿が見えるようになることから，疑心が起こると何で

もないことまで恐ろしくなること。

□玉石混交　ぎょくせきこんこう―すぐれたものとそうでないものが入り混じっていること。

□荒唐無稽　こうとうむけい―言葉や考えによりどころがなく，とりとめもないこと。

□五里霧中　ごりむちゅう―迷って考えの定まらないこと。

□針小棒大　しんしょうぼうだい―物事を大袈裟にいうこと。

□大同小異　だいどうしょうい―細部は異なっているが総体的には同じであること。

□馬耳東風　ばじとうふう―人の意見や批評を全く気にかけず聞き流すこと。

□波瀾万丈　はらんばんじょう―さまざまな事件が次々と起き，変化に富むこと。

□付和雷同　ふわらいどう――定の見識がなくただ人の説にわけもなく賛同すること。

□粉骨砕身　ふんこつさいしん―力の限り努力すること。

□羊頭狗肉　ようとうくにく―外見は立派だが内容がともなわないこと。

□竜頭蛇尾　りゅうとうだび―初めは勢いがさかんだが最後はふるわないこと。

□臨機応変　りんきおうへん―時と場所に応じて適当な処置をとること。

演習問題

1　「海千山千」の意味として適切なものはどれか。

1　様々な経験を積み，世間の表裏を知り尽くしてずる賢いこと
2　今までに例がなく，これからもあり得ないような非常に珍しいこと
3　人をだまし丸め込む手段や技巧のこと
4　一人で千人の敵を相手にできるほど強いこと
5　広くて果てしないこと

2 四字熟語として適切なものはどれか。
　1　竜頭堕尾
　2　沈思黙考
　3　孟母断危
　4　理路正然
　5　猪突猛伸

3 四字熟語の漢字の使い方がすべて正しいものはどれか。
　1　純真無垢　　青天白日　　疑心暗鬼
　2　短刀直入　　自我自賛　　危機一髪
　3　厚顔無知　　思考錯誤　　言語同断
　4　異句同音　　一鳥一石　　好機当来
　5　意味深長　　興味深々　　五里霧中

4 「一蓮托生」の意味として適切なものはどれか。
　1　一味の者を一度で全部つかまえること。
　2　物事が順調に進行すること。
　3　ほかの事に注意をそらさず，一つの事に心を集中させているさま。
　4　善くても悪くても行動・運命をともにすること。
　5　妥当なものはない。

5 故事成語の意味で適切なものはどれか。
　「塞翁(さいおう)が馬」
　1　たいして差がない
　2　幸不幸は予測できない
　3　肝心なものが欠けている
　4　実行してみれば意外と簡単
　5　努力がすべてむだに終わる

1 1

解説 2は「空前絶後」，3は「手練手管」，4は「一騎当千」，5は「広大無辺」である。

2 2

解説 2の沈思黙考は，「思いにしずむこと。深く考えこむこと。」の意味である。なお，1は竜頭蛇尾(始めは勢いが盛んでも，終わりにはふるわないこと)，3は孟母断機(孟子の母が織りかけの織布を断って，学問を中途でやめれば，この断機と同じであると戒めた譬え)，4は理路整然(話や議論の筋道が整っていること)，5は猪突猛進(いのししのように向こう見ずに一直線に進むこと)が正しい。

3 1

解説 2は「単刀直入」「自画自賛」，3は「厚顔無恥」「試行錯誤」「言語道断」，4は「異口同音」「一朝一夕」「好機到来」，5は「興味津々」が正しい。四字熟語の意味を理解する際，どのような字で書かれているかを意識するとよい。

4 4

解説 「一蓮托生」は，よい行いをした者は天国に行き，同じ蓮の花の上に生まれ変わるという仏教の教えから，「(ことの善悪にかかわらず)仲間として行動や運命をともにすること」をいう。

5 2

解説 「塞翁が馬」は「人間万事塞翁が馬」と表す場合もある。1は「五十歩百歩」，3は「画竜点睛に欠く」，4は「案ずるより産むが易し」，5は「水泡に帰する」の故事成語の意味である。

語の使い方

文法

Ⅰ 品詞の種類

Ⅱ 動詞の活用形

活用	基本	語幹	未然	連用	終止	連体	仮定	命令
五段	読む	読	ま　も	み	む	む	め	め
上一段	見る	見	み	み	みる	みる	みれ	みよ
下一段	捨てる	捨	て	て	てる	てる	てれ	てよ てろ
カ変	来る	来	こ	き	くる	くる	くれ	こい
サ変	する	す	さ　し せ	し	する	する	すれ	せよ しろ
	主な接続語		ナイ ウ・ ヨウ	マス テ・タ	言い 切る	コト トキ	バ	命令

Ⅲ 形容詞の活用形

基本	語幹	未然	連用	終止	連体	仮定	命令
美しい	うつく し	かろ	かっ く	い	い	けれ	○
主な用法		ウ	ナルタ タ	言い 切る	体言	バ	

Ⅳ 形容動詞の活用形

基本	語幹	未然	連用	終止	連体	仮定	命令
静かだ	静か	だろ	だっ　で に	だ	な	なら	○
主な用法		ウ	タ アル ナル	言い 切る	体言	バ	

Ⅴ　文の成分

主語・述語の関係………花が ― 咲いた。

修飾・被修飾の関係……きれいな ― 花。

接続の関係………………花が咲いた<u>ので</u>，花見をした。

並立の関係………………<u>赤い花と白い花</u>。

補助の関係………………花が<u>咲いている</u>。（二文節で述語となっている）

〈副詞〉自立語で活用せず，単独で文節を作り，多く連用修飾語を作る。

状態を表すもの…………ついに・さっそく・しばらく・ぴったり・すっかり

程度を表すもの…………もっと・すこし・ずいぶん・ちょっと・ずっと

陳述の副詞………………決して～ない・なぜ～か・たぶん～だろう・もし～ば

〈助動詞〉付属語で活用し，主として用言や他の助動詞について意味を添える。

① 使役……せる・させる（学校に行か<u>せる</u>　服を着<u>させる</u>）

② 受身……れる・られる（先生に怒ら<u>れる</u>　人に見<u>られる</u>）

③ 可能……れる・られる（歩いて行か<u>れる</u>距離　まだ着<u>られる</u>服）

④ 自発……れる・られる（ふと思い出さ<u>れる</u>　容態が案じ<u>られる</u>）

⑤ 尊敬……れる・られる（先生が話さ<u>れる</u>　先生が来<u>られる</u>）

⑥ 過去・完了……た（話を聞い<u>た</u>　公園で遊ん<u>だ</u>）

⑦ 打消……ない・ぬ（僕は知ら<u>ない</u>　知ら<u>ぬ</u>存ぜ<u>ぬ</u>）

⑧ 推量……だろう・そうだ（晴れる<u>だろう</u>　晴れ<u>そうだ</u>）

⑨ 意志……う・よう（旅行に行こ<u>う</u>　彼女に告白し<u>よう</u>）

⑩ 様態……そうだ（雨が降り<u>そうだ</u>）

⑪ 希望……たい・たがる（いっぱい遊び<u>たい</u>　おもちゃを欲し<u>がる</u>）

⑫ 断定……だ（悪いのは相手の方<u>だ</u>）

⑬ 伝聞……そうだ（試験に合格した<u>そうだ</u>）

⑭ 推定……らしい（明日は雨<u>らしい</u>）

⑮ 丁寧……です・ます（それはわたし<u>です</u>　ここにあり<u>ます</u>）

⑯ 打消推量・打消意志……まい（そんなことはある<u>まい</u>　けっして言う<u>まい</u>）

〈助詞〉付属語で活用せず，ある語について，その語と他の語との関係を
補助したり，意味を添えたりする。
　① 格助詞……主として体言に付き，その語と他の語の関係を示す。
　　　→が・の・を・に・へ・と・から・より・で・や
　② 副助詞……いろいろな語に付いて，意味を添える。
　　　→は・も・か・こそ・さえ・でも・しか・まで・ばかり・だけ・など
　③ 接続助詞……用言・活用語に付いて，上と下の文節を続ける。
　　　→ば・けれども・が・のに・ので・ても・から・たり・ながら
　④ 終助詞……文末（もしくは文節の切れ目）に付いて意味を添える。
　　　→なあ（感動）・よ（念押し）・な（禁止）・か（疑問）・ね（念押し）

演習問題

1 次のア～オのうち，下線部の表現が適切でないものはどれか。
　1　彼はいつもまわりに愛嬌をふりまいて，場を和やかにしてくれる。
　2　的を射た説明によって，よく理解することができた。
　3　舌先三寸で人をまるめこむのではなく，誠実に説明する。
　4　この重要な役目は，彼女に白羽の矢が当てられた。
　5　二の舞を演じないように，失敗から学ばなくてはならない。

2 次の文について，言葉の用法として適切なものはどれか。
　1　矢折れ刀尽きるまで戦う。
　2　ヘルプデスクに電話したが「分かりません」と繰り返すだけで取り付
　　く暇もなかった。
　3　彼の言動は肝に据えかねる。
　4　彼は証拠にもなく何度も賭け事に手を出した。
　5　適切なものはない。

3 下線部の言葉の用法として適切なものはどれか。
　1　彼はのべつ暇なく働いている。
　2　あの人の言動は常軌を失っている。
　3　彼女は熱に泳がされている。
　4　彼らの主張に対して間髪をいれずに反論した。
　5　彼女の自分勝手な振る舞いに顔をひそめた。

4 次の文で，下線部が適切でないものはどれか。
1　ぼくの目標は，兄より早く走れるようになる<u>こと</u>です。
2　先生の<u>おっしゃること</u>をよく聞くのですよ。
3　昨日は家で本を読んだり，テレビを<u>見て</u>いました。
4　風にざわめく木々は，まるで私たちにあいさつをして<u>いるようだった</u>。
5　先生の業績については，よく<u>存じております</u>。

5 下線部の言葉の用法が適切でないものはどれか。
1　<u>急いては事を仕損じる</u>ので，マイペースを心がける。
2　彼女は<u>目端が利く</u>。
3　<u>世知辛い</u>世の中になったものだ。
4　安全を<u>念頭</u>に置いて作業を進める。
5　次の試験に<u>標準を合わせて</u>勉強に取り組む。

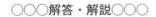

○○○解答・解説○○○

1　4

解説　1の「愛嬌をふりまく」は，おせじなどをいい，明るく振る舞うこと，2の「的を射る」は的確に要点をとらえること，3の「舌先三寸」は口先だけの巧みに人をあしらう弁舌のこと，4はたくさんの中から選びだされるという意味だが，「白羽の矢が当てられた」ではなく，「白羽の矢が立った」が正しい。5の「二の舞を演じる」は他人がした失敗を自分もしてしまうという意味である。

2　5

解説　1「刀折れ矢尽きる」が正しく，「なす術がなくなる」という意味である。　2　話を進めるきっかけが見つからない。すがることができない，という意味になるのは「取り付く島がない」が正しい。　3　「言動」という言葉から，「我慢できなくなる」という意味の言葉を使う必要がある。「腹に据えかねる」が正しい。　4　「何度も賭け事に手を出した」という部分から「こりずに」という意味の「性懲りもなく」が正しい。

3 4

解説 1「のべつ幕なしに」、2は「常軌を逸している」、3は「熱に浮かされている」、5は「眉をひそめた」が正しい。

4 3

解説 3は前に「読んだり」とあるので、後半も「見たり」にしなければならないが、「見ていました」になっているので表現として適当とはいえない。

5 5

解説 5は、「狙う、見据える」という意味の「照準」を使い、「照準を合わせて」と表記するのが正しい。

非言語分野

演習問題

1 分数 $\dfrac{30}{7}$ を小数で表したとき，小数第100位の数字として正しいものはどれか。

   1 1   2 2   3 4   4 5   5 7

2 $x=\sqrt{2}-1$ のとき，$x+\dfrac{1}{x}$ の値として正しいものはどれか。

   1 $2\sqrt{2}$ 2 $2\sqrt{2}-2$ 3 $2\sqrt{2}-1$ 4 $3\sqrt{2}-3$
   5 $3\sqrt{2}-2$

3 360の約数の総和として正しいものはどれか。

   1 1060   2 1170   3 1250   4 1280   5 1360

4 $\dfrac{x}{2}=\dfrac{y}{3}=\dfrac{z}{5}$ のとき，$\dfrac{x-y+z}{3x+y-z}$ の値として正しいものはどれか。

   1 -2 2 -1 3 $\dfrac{1}{2}$ 4 1   5 $\dfrac{3}{2}$

5 $\dfrac{\sqrt{2}}{\sqrt{2}-1}$ の整数部分を a，小数部分を b とするとき，$a\times b$ の値として正しいものは次のうちどれか。

   1 $\sqrt{2}$ 2 $2\sqrt{2}-2$ 3 $2\sqrt{2}-1$ 4 $3\sqrt{2}-3$
   5 $3\sqrt{2}-2$

6 $x=\sqrt{5}+\sqrt{2}$，$y=\sqrt{5}-\sqrt{2}$ のとき，x^2+xy+y^2 の値として正しいものはどれか。

   1 15   2 16   3 17   4 18   5 19

7　$\dfrac{\sqrt{2}}{\sqrt{2}-1}$ の整数部分を a, 小数部分を b とするとき, b^2 の値として正しいものはどれか。

　　1　$2-\sqrt{2}$　　2　$1+\sqrt{2}$　　3　$2+\sqrt{2}$　　4　$3+\sqrt{2}$
　　5　$3-2\sqrt{2}$

8　ある中学校の生徒全員のうち, 男子の7.5％, 女子の6.4％を合わせて37人がバドミントン部員であり, 男子の2.5％, 女子の7.2％を合わせて25人が吹奏楽部員である。この中学校の女子全員の人数は何人か。

　　1　246人　　　2　248人　　　3　250人　　　4　252人　　　5　254人

9　連続した3つの正の偶数がある。その小さい方2数の2乗の和は, 一番大きい数の2乗に等しいという。この3つの数のうち, 最も大きい数として正しいものはどれか。

　　1　6　　　2　8　　　3　10　　　4　12　　　5　14

○○○解答・解説○○○

1　5

　解説　実際に30を7で割ってみると,
$\dfrac{30}{7}=4.28571428571\cdots\cdots$ となり, 小数点以下は, 6つの数字"285714"が繰り返されることがわかる。$100\div6=16$ 余り4だから, 小数第100位は, "285714" のうちの4つ目の"7"である。

2　1

　解説　$x=\sqrt{2}-1$ を $x+\dfrac{1}{x}$ に代入すると,

$$x+\dfrac{1}{x}=\sqrt{2}-1+\dfrac{1}{\sqrt{2}-1}=\sqrt{2}-1+\dfrac{\sqrt{2}+1}{(\sqrt{2}-1)(\sqrt{2}+1)}$$

$$=\sqrt{2}-1+\dfrac{\sqrt{2}+1}{2-1}$$

$$=\sqrt{2}-1+\sqrt{2}+1=2\sqrt{2}$$

$\boxed{3}$ 2

解説　360を素因数分解すると，$360 = 2^3 \times 3^2 \times 5$ であるから，約数の総和は$(1 + 2 + 2^2 + 2^3)(1 + 3 + 3^2)(1 + 5) = (1 + 2 + 4 + 8)(1 + 3 + 9)(1 + 5) = 15 \times 13 \times 6 = 1170$ である。

$\boxed{4}$ 4

解説　$\dfrac{x}{2} = \dfrac{y}{3} = \dfrac{z}{5} = A$　とおく。

$x = 2A$，$y = 3A$，$z = 5A$　となるから，

$x - y + z = 2A - 3A + 5A = 4A$，$3x + y - z = 6A + 3A - 5A = 4A$

したがって，$\dfrac{x - y + z}{3x + y - z} = \dfrac{4A}{4A} = 1$　である。

$\boxed{5}$ 4

解説　分母を有理化する。

$\dfrac{\sqrt{2}}{\sqrt{2} - 1} = \dfrac{\sqrt{2}(\sqrt{2} + 1)}{(\sqrt{2} - 1)(\sqrt{2} + 1)} = \dfrac{2 + \sqrt{2}}{2 - 1} = 2 + \sqrt{2} = 2 + 1.414\cdots = 3.414\cdots$

であるから，$a = 3$であり，$b = (2 + \sqrt{2}) - 3 = \sqrt{2} - 1$ となる。

したがって，$a \times b = 3(\sqrt{2} - 1) = 3\sqrt{2} - 3$

$\boxed{6}$ 3

解説　$(x + y)^2 = x^2 + 2xy + y^2$ であるから，

$x^2 + xy + y^2 = (x + y)^2 - xy$ と表せる。

ここで，$x + y = (\sqrt{5} + \sqrt{2}) + (\sqrt{5} - \sqrt{2}) = 2\sqrt{5}$，

$xy = (\sqrt{5} + \sqrt{2})(\sqrt{5} - \sqrt{2}) = 5 - 2 = 3$

であるから，求める $(x + y)^2 - xy = (2\sqrt{5})^2 - 3 = 20 - 3 = 17$

$\boxed{7}$ 5

解説　分母を有理化すると，

$\dfrac{\sqrt{2}}{\sqrt{2} - 1} = \dfrac{\sqrt{2}(\sqrt{2} + 1)}{(\sqrt{2} - 1)(\sqrt{2} + 1)} = \dfrac{2 + \sqrt{2}}{2 - 1} = 2 + \sqrt{2}$

$\sqrt{2} = 1.4142\cdots\cdots$であるから，$2 + \sqrt{2} = 2 + 1.4142\cdots\cdots = 3.14142\cdots\cdots$

したがって，$a = 3$，$b = 2 + \sqrt{2} - 3 = \sqrt{2} - 1$といえる。

したがって，$b^2 = (\sqrt{2} - 1)^2 = 2 - 2\sqrt{2} + 1 = 3 - 2\sqrt{2}$である。

解説 男子全員の人数を x，女子全員の人数を y とする。

$0.075x + 0.064y = 37 \cdots ①$

$0.025x + 0.072y = 25 \cdots ②$

①－②×3 より

$$\begin{cases} 0.075x + 0.064y = 37 \cdots ① \\ 0.075x + 0.216y = 75 \cdots ②' \end{cases}$$

$$-) \overline{}$$

$$- 0.152y = - 38$$

$\therefore \quad 152y = 38000 \quad \therefore \quad y = 250 \quad x = 280$

よって，女子全員の人数は250人。

9 3

解説 3つのうちの一番小さいものを $x(x>0)$ とすると，連続した3つの正の偶数は，x，$x+2$，$x+4$ であるから，与えられた条件より，次の式が成り立つ。$x^2+(x+2)^2=(x+4)^2$ かっこを取って，$x^2+x^2+4x+4=x^2+8x+16$ 整理して，$x^2-4x-12=0$ よって，$(x+2)(x-6)=0$ よって，$x=-2, 6$ $x>0$ だから，$x=6$ である。したがって，3つの偶数は，6，8，10である。このうち最も大きいものは，10である。

演習問題

1 家から駅までの道のりは30kmである。この道のりを，初めは時速5km，途中から，時速4kmで歩いたら，所要時間は7時間であった。時速5kmで歩いた道のりとして正しいものはどれか。

 1 8km 2 10km 3 12km 4 14km 5 15km

2 横の長さが縦の長さの2倍である長方形の厚紙がある。この厚紙の四すみから，一辺の長さが4cmの正方形を切り取って，折り曲げ，ふたのない直方体の容器を作る。その容積が64cm³のとき，もとの厚紙の縦の長さとして正しいものはどれか。

 1 $6-2\sqrt{3}$ 2 $6-\sqrt{3}$ 3 $6+\sqrt{3}$ 4 $6+2\sqrt{3}$
 5 $6+3\sqrt{3}$

3 縦50m，横60mの長方形の土地がある。この土地に，図のような直角に交わる同じ幅の通路を作る。通路の面積を土地全体の面積の$\dfrac{1}{3}$以下にするには，通路の幅を何m以下にすればよいか。

 1 8m 2 8.5m 3 9m 4 10m
 5 10.5m

4 下の図のような，曲線部分が半円で，1周の長さが240mのトラックを作る。中央の長方形ABCDの部分の面積を最大にするには，直線部分ADの長さを何mにすればよいか。次から選べ。

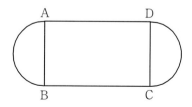

 1 56m 2 58m 3 60m 4 62m 5 64m

5 　AとBの2つのタンクがあり，Aには8m³，Bには5m³の水が入っている。Aには毎分1.2m³，Bには毎分0.5m³ずつの割合で同時に水を入れ始めると，Aの水の量がBの水の量の2倍以上になるのは何分後からか。正しいものはどれか。

　　1　8分後　　　2　9分後　　　3　10分後　　　4　11分後　　　5　12分後

○○○解答・解説○○○

1 　2

解説　時速5kmで歩いた道のりを$x$kmとすると，時速4kmで歩いた道のりは，$(30-x)$ kmであり，時間＝距離÷速さ　であるから，次の式が成り立つ。

$$\frac{x}{5} + \frac{30-x}{4} = 7$$

　　両辺に20をかけて，$4x + 5(30 - x) = 7 \times 20$

整理して，$4x + 150 - 5x = 140$

　　よって，$x = 10$ である。

2 　4

解説　厚紙の縦の長さを$x$cmとすると，横の長さは$2x$cmである。また，このとき，容器の底面は，縦 $(x-8)$cm，横 $(2x-8)$cmの長方形で，容器の高さは4cmである。

厚紙の縦，横，及び，容器の縦，
横の長さは正の数であるから，

　　$x > 0,\ x - 8 > 0,\ 2x - 8 > 0$

すなわち，$x > 8$……①

容器の容積が64cm³であるから，

$4(x-8)(2x-8) = 64$ となり，

　　$(x-8)(2x-8) = 16$

これより，$(x-8)(x-4) = 8$

$x^2 - 12x + 32 = 8$ となり，$x^2 - 12x + 24 = 0$

よって，$x = 6 \pm \sqrt{6^2 - 24} = 6 \pm \sqrt{12} = 6 \pm 2\sqrt{3}$

このうち①を満たすものは，$x = 6 + 2\sqrt{3}$

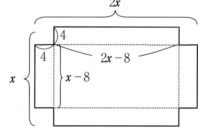

3 4

解説 通路の幅をxmとすると，$0<x<50$……①
また，$50x+60x-x^2\leqq1000$
よって，$(x-10)(x-100)\geqq0$
したがって，$x\leqq10$，$100\leqq x$……②
①②より，$0<x\leqq10$　つまり，10m以下。

4 3

解説 直線部分ADの長さをxmとおくと，$0<2x<240$より，
xのとる値の範囲は，$0<x<120$である。

半円の半径をrmとおくと，
$2\pi r=240-2x$より，
$r=\dfrac{120}{\pi}-\dfrac{x}{\pi}=\dfrac{1}{\pi}(120-x)$

長方形ABCDの面積をym²とすると，
$$y=2r\cdot x=2\cdot\dfrac{1}{\pi}(120-x)x$$
$$=-\dfrac{2}{\pi}(x^2-120x)$$
$$=-\dfrac{2}{\pi}(x-60)^2+\dfrac{7200}{\pi}$$

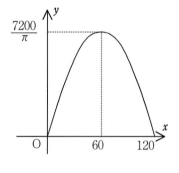

この関数のグラフは，図のようになる。yは$x=60$のとき最大となる。

5 3

解説 x分後から2倍以上になるとすると，題意より次の不等式が成り
立つ。
$$8+1.2x\geqq2(5+0.5x)$$
かっこをはずして，$8+1.2x\geqq10+x$
整理して，$0.2x\geqq2$　よって，$x\geqq10$
つまり10分後から2倍以上になる。

組み合わせ・確率

演習問題

1 1個のさいころを続けて3回投げるとき，目の和が偶数になるような場合は何通りあるか。正しいものを選べ。

1　106通り　　2　108通り　　3　110通り　　4　112通り

5　115通り

2 A，B，C，D，E，Fの6人が2人のグループを3つ作るとき，AとBが同じグループになる確率はどれか。正しいものを選べ。

1　$\dfrac{1}{6}$　　2　$\dfrac{1}{5}$　　3　$\dfrac{1}{4}$　　4　$\dfrac{1}{3}$　　5　$\dfrac{1}{2}$

○○○解答・解説○○○

1 2

解説　和が偶数になるのは，3回とも偶数の場合と，偶数が1回で，残りの2回が奇数の場合である。さいころの目は，偶数と奇数はそれぞれ3個だから，

(1)　3回とも偶数：$3 \times 3 \times 3 = 27$〔通り〕

(2)　偶数が1回で，残りの2回が奇数

・偶数/奇数/奇数：$3 \times 3 \times 3 = 27$〔通り〕

・奇数/偶数/奇数：$3 \times 3 \times 3 = 27$〔通り〕

・奇数/奇数/偶数：$3 \times 3 \times 3 = 27$〔通り〕

したがって，合計すると，$27 + (27 \times 3) = 108$〔通り〕である。

2 2

解説　A，B，C，D，E，Fの6人が2人のグループを3つ作るときの，すべての作り方は$\dfrac{{}_6C_2 \times {}_4C_2}{3!} = 15$通り。このうち，AとBが同じグループになるグループの作り方は$\dfrac{{}_4C_2}{2!} = 3$通り。よって，求める確率は$\dfrac{3}{15} = \dfrac{1}{5}$である。

図形

演習問題

1 次の図で，直方体 ABCD － EFGH の辺 AB，BC の中点をそれぞれ
M，N とする。この直方体を 3 点 M，F，N を通る平面で切り，頂点 B
を含むほうの立体をとりさる。AD ＝ DC
＝ 8cm，AE ＝ 6cm のとき，△MFN の
面積として正しいものはどれか。

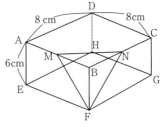

1 $3\sqrt{22}$ 〔cm²〕   2 $4\sqrt{22}$ 〔cm²〕
3 $5\sqrt{22}$ 〔cm²〕   4 $4\sqrt{26}$ 〔cm²〕
5 $4\sqrt{26}$ 〔cm²〕

2 右の図において，四角形 ABCD は円に内
接しており，弧 BC ＝弧 CD である。AB，AD
の延長と点 C におけるこの円の接線との交点
をそれぞれ P，Q とする。AC ＝ 4cm，CD ＝
2cm，DA ＝ 3cm とするとき，△BPC と△
APQ の面積比として正しいものはどれか。

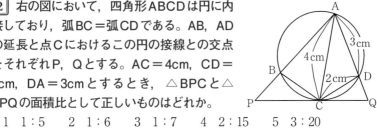

1 1：5   2 1：6   3 1：7   4 2：15   5 3：20

3 1 辺の長さが 15 のひし形がある。その対角線の長さの差は 6 である。
このひし形の面積として正しいものは次のどれか。

1 208   2 210   3 212   4 214   5 216

4 右の図において，円 C_1 の
半径は 2，円 C_2 の半径は 5，2
円の中心間の距離は $O_1O_2 ＝ 9$
である。2 円の共通外接線 l と 2
円 C_1，C_2 との接点をそれぞれ A，
B とするとき，線分 AB の長さ
として正しいものは次のどれ
か。

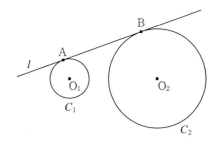

1 $3\sqrt{7}$ 2 8   3 $6\sqrt{2}$ 4 $5\sqrt{3}$ 5 $4\sqrt{5}$

5 　下の図において，点Eは，平行四辺形ABCDの辺BC上の点で，AB
＝AEである。また，点Fは，線分AE上の点で，∠AFD＝90°である。
∠ABE＝70°のとき，∠CDFの大きさとして正しいものはどれか。

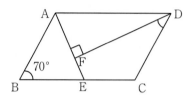

　　1　48°　　2　49°　　3　50°　　4　51°　　5　52°

6 　底面の円の半径が4で，母線の長さが
12の直円すいがある。この円すいに内接
する球の半径として正しいものは次のど
れか。

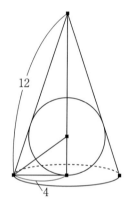

　　1　$2\sqrt{2}$
　　2　3
　　3　$2\sqrt{3}$
　　4　$\dfrac{8}{3}\sqrt{2}$
　　5　$\dfrac{8}{3}\sqrt{3}$

○○○解答・解説○○○

1 　2

解説　　△MFNはMF＝NFの二等辺三角形。MB＝$\dfrac{8}{2}$＝4，BF＝6より，
MF^2＝4^2+6^2＝52
また，MN＝$4\sqrt{2}$
FからMNに垂線FTを引くと，△MFTで三平方の定理より，
FT^2＝MF^2－MT^2＝$52-\left(\dfrac{4\sqrt{2}}{2}\right)^2$＝$52-8$＝44
よって，FT＝$\sqrt{44}$＝$2\sqrt{11}$
したがって，△MFN＝$\dfrac{1}{2}\cdot 4\sqrt{2}\cdot 2\sqrt{11}$＝$4\sqrt{22}$〔cm²〕

$\boxed{2}$ 3

【解説】 $\angle PBC = \angle CDA$，$\angle PCB = \angle BAC = \angle CAD$から，

$\triangle BPC \backsim \triangle DCA$

相似比は$2:3$，面積比は，$4:9$

また，$\triangle CQD \backsim \triangle AQC$で，相似比$1:2$，面積比は$1:4$

したがって，$\triangle DCA : \triangle AQC = 3:4$

よって，$\triangle BPC : \triangle DCA : \triangle AQC = 4:9:12$

さらに，$\triangle BPC \backsim \triangle CPA$で，相似比$1:2$，面積比$1:4$

よって，$\triangle BPC : \triangle APQ = 4:(16+12) = 4:28 = 1:7$

$\boxed{3}$ 5

【解説】 対角線のうちの短い方の長さの半分の長さをxとすると，長い方の対角線の長さの半分は，$(x+3)$と表せるから，三平方の定理より次の式がなりたつ。

$x^2 + (x+3)^2 = 15^2$

整理して，$2x^2 + 6x - 216 = 0$　よって，$x^2 + 3x - 108 = 0$

$(x-9)(x+12) = 0$より，$x = 9, -12$　xは正だから，$x = 9$である。

したがって，求める面積は，$4 \times \dfrac{9 \times (9+3)}{2} = 216$

$\boxed{4}$ 5

【解説】　円の接線と半径より
$O_1A \perp l$，$O_2B \perp l$であるから，
点O_1から線分O_2Bに垂線O_1Hを
下ろすと，四角形AO_1HBは長方
形で，

$HB = O_1A = 2$だから，

$O_2H = 3$

$\triangle O_1O_2H$で三平方の定理より，

$O_1H = \sqrt{9^2 - 3^2} = 6\sqrt{2}$

よって，$AB = O_1H = 6\sqrt{2}$

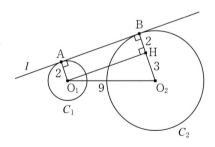

5 3

> **解説** $\angle$ AEB = $\angle$ ABE = 70° より，$\angle$ AEC = 180 − 70 = 110°
> また，$\angle$ ABE + $\angle$ ECD = 180° より，$\angle$ ECD = 110°
> 四角形FECDにおいて，四角形の内角の和は360°だから，
> $\angle$ CDF = 360° − (90° + 110° + 110°) = 50°

6 1

> **解説** 円すいの頂点をA，球の中心を
> O，底面の円の中心をHとする。3点A, O,
> Hを含む平面でこの立体を切断すると，
> 断面は図のような二等辺三角形とその内
> 接円であり，求めるものは内接円の半径
> OHである。

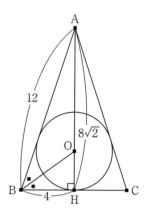

> $\triangle$ ABHで三平方の定理より，
> AH=$\sqrt{12^2 - 4^2}$ = $8\sqrt{2}$
> Oは三角形ABCの内心だから，BO
> は$\angle$ ABHの2等分線である。
> よって，AO : OH = BA : BH = 3 : 1
> OH = $\dfrac{1}{4}$ AH = $2\sqrt{2}$

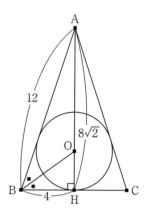

演習問題

1 O市，P市，Q市の人口密度（1km²あたりの人口）を下表に示してある，O市とQ市の面積は等しく，Q市の面積はP市の2倍である。

市	人口密度
O	390
P	270
Q	465

このとき，次の推論ア，イの正誤として，正しいものはどれか。

　　ア　P市とQ市を合わせた地域の人口密度は300である

　　イ　P市の人口はQ市の人口より多い

　　1　アもイも正しい

　　2　アは正しいが，イは誤り

　　3　アは誤りだが，イは正しい

　　4　アもイも誤り

　　5　アもイもどちらとも決まらない

2 2から10までの数を1つずつ書いた9枚のカードがある。A，B，Cの3人がこの中から任意の3枚ずつを取ったところ，Aの取ったカードに書かれていた数の合計は15で，その中には，5が入っていた。Bの取ったカードに書かれていた数の合計は16で，その中には，8が入っていた。Cの取ったカードに書かれていた数の中に入っていた数の1つは，次のうちのどれか。

　　1　2　　　2　3　　　3　4　　　4　6　　　5　7

3 体重の異なる8人が，シーソーを使用して，一番重い人と2番目に重い人を選び出したい。シーソーでの重さ比べを，少なくとも何回行わなければならないか。ただし，シーソーには両側に1人ずつしか乗らないものとする。

　　1　6回　　　2　7回　　　3　8回　　　4　9回　　　5　10回

4 A～Fの6人がゲーム大会をして，優勝者が決定された。このゲーム大会の前に6人は，それぞれ次のように予想を述べていた。予想が当たったのは2人のみで，あとの4人ははずれであった。予想が当たった2人の組み合わせとして正しいものはどれか。

A 「優勝者は，私かCのいずれかだろう。」

B 「優勝者は，Aだろう。」

C 「Eの予想は当たるだろう。」

D 「優勝者は，Fだろう。」

E 「優勝者は，私かFのいずれかだろう。」

F 「Aの予想ははずれるだろう。」

1 A, B 　2 A, C 　3 B, D 　4 C, D 　5 D, E

5 ある会合に参加した人30人について調査したところ，傘を持っている人，かばんを持っている人，筆記用具を持っている人の数はすべて1人以上29人以下であり，次の事実がわかった。

ⅰ）傘を持っていない人で，かばんを持っていない人はいない。

ⅱ）筆記用具を持っていない人で，かばんを持っている人はいない。

このとき，確実に言えるのは次のどれか。

1 かばんを持っていない人で，筆記用具を持っている人はいない。

2 傘を持っている人で，かばんを持っている人はいない。

3 筆記用具を持っている人で，傘を持っている人はいない。

4 傘を持っていない人で，筆記用具を持っていない人はいない。

5 かばんを持っている人で，傘を持っている人はいない。

6 次A, B, C, D, Eの5人が，順に赤，緑，白，黒，青の5つのカードを持っている。また赤，緑，白，黒，青の5つのボールがあり，各人がいずれか1つのボールを持っている。各自のカードの色とボールの色は必ずしも一致していない。持っているカードの色とボールの色の組み合わせについてア，イのことがわかっているとき，Aの持っているボールの色は何色か。ただし，以下でXとY2人の色の組み合わせが同じであるとは，「Xのカード，ボールの色が，それぞれYのボール，カードの色と一致」していることを意味する。

ア CとEがカードを交換すると，CとDの色の組み合わせだけが同じになる。

イ BとDがボールを交換すると，BとEの色の組み合わせだけが同じ

になる。

1　青　　2　緑　　3　黒　　4　赤　　5　白

○○○解答・解説○○○

1　3

解説　「O市とQ市の面積は等しく，Q市の面積はP市の2倍」ということから，仮にO市とQ市の面積を1km²，P市の面積を2km²と考える。

ア…P市の人口は270×2＝540人，Q市の人口は465×1＝465人で，2つの市を合わせた地域の面積は3km2なので，人口密度は，（540＋465）÷3＝335人になる。

イ…P市の人口は540人，Q市は465人なので，P市の方が多いので正しいといえる。

よって推論アは誤りだが，推論イは正しい。

よって正解は3である。

2　3

解説　まず，Bが取った残りの2枚のカードに書かれていた数の合計は，16－8＝8である。したがって2枚のカードはどちらも6以下である。ところが「5」はAが取ったカードにあるから除くと，「2」,「3」,「4」,「6」の4枚となるが，この中で2数の和が8になるのは，「2」と「6」しかない。

次にAが取った残りの2枚のカードに書かれていた数の合計は，15－5＝10である。したがって2枚のカードはどちらも8以下である。この中で，すでにA自身やBが取ったカードを除くと「3」,「4」,「7」の3枚となるが，この中で2数の和が10になるのは，「3」と「7」のみである。

以上のことから，Cの取った3枚のカードは，AとBが取った残りの「4」「9」「10」である。

3　4

解説　全員の体重が異なるのだから，1人ずつ比較するしかない。したがって一番重い人を見つけるには，8チームによるトーナメント試合数，すなわち8－1＝7（回）でよい。図

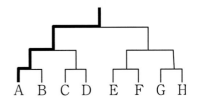

は8人をA〜Hとしてその方法を表したもので，Aが最も重かった場合である。次に2番目に重い人の選び出し方であるが，2番目に重い人の候補になるのは，図でAと比較してAより軽いと判断された3人である。すなわち最初に比較したBと，2回目に比較したC，Dのうちの重い方と，最後にAと比較したE〜Hの中で一番重い人の3人である。そしてこの3人の中で一番重い人を見つける方法は2回でよい。結局，少なくとも7＋2＝9（回）の重さ比べが必要であるといえる。

4 1

解説 下の表は，縦の欄に優勝したと仮定した人。横の欄に各人の予想が当たったか（○）はずれたか（×）を表したものである。

	A	B	C	D	E	F
A	○	○	×	×	×	×
B	×	×	×	×	×	○
C	○	×	×	×	×	×
D	×	×	×	×	×	○
E	×	×	○	×	○	○
F	×	×	○	○	○	○

「予想が当たったのは，2人のみ」という条件を満たすのは，Aが優勝したと仮定したときのAとBのみである。よって，1が正しい。

5 3

解説 ⅰ）ⅱ）より集合の包含関係は図のようになっている。

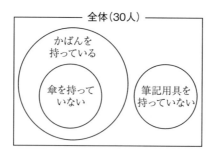

図より，傘を持っていない人の集合と，筆記用具を持っていない人の集

合の共通部分は空集合であり，選択肢1，2，3，5については必ずしも空集合とは限らない。

　したがって，確実に言えるのは「傘を持っていない人で，筆記用具を持っていない人はいない」のみである。

6 5

解説 最初の状態は，

	A	B	C	D	E
カード	赤	緑	白	黒	青

　まずアより，EとCがカードを交換した場合，CとDの色の組み合わせだけが同じになることから，ボールの色が次のように決まる。

	A	B	C	D	E
カード	赤	緑	青	黒	白
ボール			黒	青	

　つまり，Cのボールが黒，Dのボールが青と決まる。
　カード交換前のカードの色で表すと，

	A	B	C	D	E
カード	赤	緑	白	黒	青
ボール			黒	青	

　さらにイより，BとDがボールを交換すると，BとEの色の組み合わせだけが同じになることから，Eのボールの色が緑ときまる。つまり，

	A	B	C	D	E
カード	赤	緑	白	黒	青
ボール			黒	青	緑

　ここで，Bのボールの色が白だとすると，Dとボールを交換したときに，CとDが黒と白で同じ色の組み合わせになってしまう。したがって，Aのボールの色が白，Bのボールの色が赤といえる。
　つまり，次のように決まる。

	A	B	C	D	E
カード	赤	緑	白	黒	青
ボール	白	赤	黒	青	緑

演習問題

1 次の表は消防白書（総務省）より平成26年の出火原因別火災の発生状況とその損害額（千円）をまとめたものである。これについて正しいものはどれか。

出火原因	出火件数	損害額（千円）
放火	4884	3442896
こんろ	3484	3736938
たばこ	4088	4534257
放火の疑い	3154	2428493
たき火	2913	944074
火遊び	978	448466
火入れ	1665	257438
ストーブ	1426	5003139
電灯・電話の配線等	1298	5435929
配線器具	1193	2928339

（総務省消防庁『平成27年版　消防白書』より作成）

1 「火遊び」による損害額は最も低く，1件あたりの損害額も最も低くなっている。
2 「放火」による出火件数は最も多く，1件あたりの損害額は150万円を超える。
3 例年最も多い出火原因として挙げられるのは「放火」によるものである。
4 損害額が最も高い項目は，1件あたりの損害額も最も高くなっている。
5 損害額が3番目に高い項目は，1件あたりの損害額も同順位となっている。

2 次の表は2014年における各国の失業者数・失業率を示したものである。この表から正しくいえるものはどれか。

	失業者数 (千人)	失業率 (%)
日本	2359	3.6
フランス	3001	10.2
アメリカ	9616	6.2
韓国	937	3.5
ドイツ	2090	5.0
オーストラリア	745	6.1

(ILO "KILM 8th edition" より作成)

1　失業者数が最も多い国は，最も少ない国のおよそ15倍の人数である。
2　失業率が最も高い国は，失業者数も最も多くなっている。
3　日本の失業者数は，韓国の失業者数のおよそ2.5倍である。
4　失業率が最も低い国は，失業者数も最も少なくなっている。
5　ドイツはいずれの項目においても3番目に高い数値となっている。

3　次の表は各国の漁獲量 (千t) を表している。この表から正しくいえるものはどれか。

	1960年	1980年	2000年	2014年
中国	2,215	3,147	14,982	17,514
インドネシア	681	1,653	4,159	6,508
アメリカ合衆国	2,715	3,703	4,760	4,984
インド	1,117	2,080	3,726	4,719
ロシア	3,066	9,502	4,027	4,233
ミャンマー	360	577	1,093	4,083

(帝国書院『地理データファイル2017年度版』より作成)

1　いずれの国においても，漁獲量は年々増加しており，2014年が最も大きい値となっている。
2　2014年におけるミャンマーの漁獲量は，1960年の漁獲量の12倍以上である。
3　2000年において漁獲量が最も少ない国は，2014年においても最も少ない漁獲量の数値を示している。
4　1980年における中国の漁獲量は，1960年の漁獲量の2倍以上である。
5　インドネシアにおける漁獲量は，いずれの年においてもアメリカの漁獲量を下回っている。

4 次の図は，わが国の製造業の事業所数，従業者数，出荷額について，平成7年の数値を100として表したものである（以下製造業を略す）。この図からいえることとして正しいものはどれか。

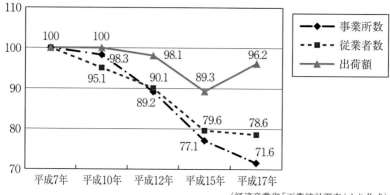

（経済産業省「工業統計調査」より作成）

1 平成15年の従業者数は平成12年の0.9倍以上である。
2 平成15年の1事業所当たりの出荷額は平成10年と比較して減少している。
3 平成10年の事業所数は平成15年の事業所数の1.2倍未満である。
4 平成12年の1事業所当たりの従業者数は平成10年と比較して増加している。
5 平成17年の1事業所当たりの出荷額は平成7年の1.4倍以上である。

5 次の表は，日本におけるサービス業，卸売・小売業，製造業の就業者数の推移を示したものである。この表から読み取れる内容についての記述として，妥当なものはどれか。

	就業者数（万人）			
	総数	サービス業	卸売・小売業	製造業
1970年	5,443	906	873	1,453
1980年	5,866	1,279	1,040	1,356
1990年	6,427	1,716	1,104	1,488
2000年	6,526	2,154	1,141	1,249
2010年	6,448	2,283	1,172	1,018

（「国民所得計算」「日本の100年」より作成）

1　1970年から1990年にかけてのデータを比較すると，各業種ともに新しいデータほど就業者の人数が多くなっている。
2　業種ごとに就業者の増減を比較すると，時期が下るほど就業者が増加し続けている業種はない。
3　最も変動が激しい業種について，最少と最多の時期を比較すると，2.5倍を超える開きがある。
4　就業者の数について，最少と最多の時期の開きが最も小さい業種は，製造業である。
5　就業者の総数は，実質国内総生産の推移によって変動している。

6　次の表は，わが国の自然公園の地域別面積を示したものである。自然公園は国立公園，国定公園及び都道府県立自然公園の3種類がある。またそれぞれ特別地域が定められている。この表からいえることとして正しいものはどれか。

わが国の自然公園の地域別面積

種別	公園数	公園面積 (ha)	国土面積に対する比率 (%)	内訳			
				特別地域		普通地域	
				面積(ha)	比率(%)	面積(ha)	比率(%)
国立公園	29	2,087,504	5.523	1,504,690	72.1	582,814	27.9
国定公園	56	1,362,065	3.604	1,267,743	93.1	94,322	6.9
都道府県立自然公園	313	1,970,780	5.214	716,531	36.4	1,254,248	63.6
自然公園合計	398	5,420,349	14.341	3,488,964	64.4	1,931,384	35.6

（環境省「自然公園面積総括表」より作成）

1　国立公園の普通地域の面積の，自然公園合計の普通地域の面積に対する割合は28％未満である。
2　国立公園の1公園当たりの面積は，国定公園の1公園当たりの面積の4倍以上である。
3　都道府県立自然公園の特別地域の面積の，国土面積に対する割合は2.6％未満である。
4　国定公園の面積は，都道府県立自然公園の面積の0.6倍未満である。
5　国立公園の1公園当たりの面積は，69,000ha未満である。

7 次の表は，日本における織物の生産の推移を示している。この表から読み取れる内容として妥当なものはどれか。

(単位　百万m²)

	1980年	1990年	2000年	2010年
天然繊維織物‥‥‥‥‥	2675	2199	799	161
綿織物‥‥‥‥‥	2202	1765	664	124
毛織物‥‥‥‥‥	294	335	98	32
絹・絹紡織物‥‥‥	152	84	33	4
化学繊維織物‥‥‥‥	4040	3376	1846	822
再生・半合成繊維織物	882	708	273	92
合成繊維織物‥‥‥	3159	2668	1573	730
計×‥‥‥‥‥‥	6737	5587	2645	983

×その他とも。

(経済産業省「生産動態統計」『日本国勢図会2018/19』より作成)

1　化学繊維織物の生産が最も減少している時期は，オイルショックの時期と重なっている。

2　天然繊維織物について，最も古いデータと最も新しいのデータを比較すると，約30分の1に減少している。

3　日本における織物の生産は，全体として減少傾向にあるものの，品目によっては一時的に増加している。

4　織物の生産の合計の推移をみると，2000年から2010年にかけての減少幅が最も大きい。

5　天然繊維織物の減少の要因としては，化学繊維織物の品質の向上によるものが大きい。

8 次の図は，日本の2016年における従業者4人以上の従業者数別事業所数の割合と，それぞれの事業所が占める製造品出荷額等の割合を示したグラフである。ここから読み取れる内容として，最も妥当なものはどれか。

日本の従業者数別事業所数と製造品出荷額等

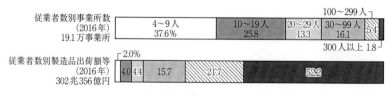

(二宮書店『2020データブック・オブ・ワールド』より作成)

1 300人以上の事業所による製造品出荷額等の金額は，全体の半分に満たない。
2 従業者4〜9人の事業所による製造品出荷額等の金額は，6兆円に満たない。
3 事業所数について比較すると，その割合が最も多いのは事業者数が4〜9人の事業所であり，その数は，7万を超えている。
4 事業所数について，20人以上の事業所は，全体の3分の1に満たない。
5 事業所数について，その増加率を比較すると，300人以上の事業所の増加率が最も高く，10％を超えている。

9 次の図は，縦軸が第3次産業人口率，横軸が1人当たり国民総所得（GNI）を表し，各国のそれぞれの値をもとにグラフ上に点で示したものである。この図から読み取れる内容として，最も妥当なものはどれか。

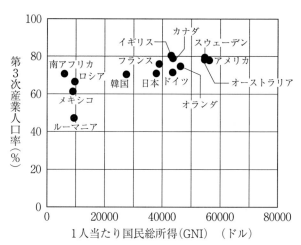

（二宮書店『2020データブック・オブ・ワールド』より作成）

1 第3次産業人口率の差は，イギリス，スウェーデンの間で最大となっている。
2 第3次産業人口率が60％以上，1人当たり国民総所得が20000ドル以下という条件を両方満たすのは，4カ国である。
3 1人当たり国民総所得について比較すると，日本の順位は，フランスに次ぐ7位である。
4 第2次産業人口率が高いほど，第3次産業人口率が高く，1人当たり

国民総所得が低い。

5　1人当たり国民総所得の差は，アメリカと南アフリカの間で最大となっている。

◯◯◯解答・解説◯◯◯

[1] 4

解説　1　損害額が最も低く，1件あたりの損害額も最も低いのは「火入れ」である。　2　「放火」による出火件数は最も多いが，1件あたりの損害額はおよそ100万円である。　3　平成26年における出火原因として最も多いのは「放火」であるものの，その他の年については表からは読み取れない。　4　正しい。損害額が最も高く，1件あたりの損害額も最も高い項目はいずれも「電灯・電話の配線等」である。　5　損害額が3番目に高い項目は「たばこ」であるが，1件あたりの損害額が3番目に高い項目は「配線器具」である。

[2] 3

解説　1　失業者数が最も多い国はアメリカ（9616人）であり，最も少ない国であるオーストラリアのおよそ13倍である。　2　失業率が最も高い国はフランスであり，失業者数が最も多い国はアメリカである。　3　正しい。日本の失業者数は2359人であり，韓国の失業者数である937人のおよそ2.5倍である。　4　表から読み取れるように，失業率が最も低い国は韓国の3.5％であり，失業者数が最も少ない国はオーストラリアでその人数は745人である。　5　ドイツはいずれの項目においても4番目に高い数値となっている。

[3] 3

解説　1．誤り。ロシアに関しては，1980年から2000年にかけて漁獲量が減少していることが表から読み取れる。　2．誤り。2014年におけるミャンマーの漁獲量は，1960年の漁獲量の11倍程度である。　3．正しい。いずれの年においてもミャンマーが最も少ない値を示している。　4．誤り。1980年における中国の漁獲量は，1960年の漁獲量の1.4倍程度である。　5．誤り。2014年においてはインドネシアの漁獲量がアメリカ合衆国の漁獲量を上回っている。

4 4

解説 1. 平成15年の0.9倍であれば数値が81以上になるはずであるが，実際には79.6だから0.9倍未満である。　2. 1事業所当たりの出荷額は[出荷額]÷[事業所数]で求められる。平成15年において出荷額の数値（89.3）を事業所数の数値（77.1）で割ると1.1を超えるが，平成10年は1.1未満。つまり平成15年の1事業所当たりの出荷額は平成10年と比較して増加している。　3. 平成15年の事業所数の数値を80としても，80×1.2＜98.3（平成10年の数値）。よって，1.2倍以上である。　4. 1事業所当たりの従業者数は[従業者数]÷[事業所数]で求められる。平成10年と平成12年では事業所数のグラフと従業者数のグラフの上下が逆になっており，平成12年において，事業所数のグラフは従業者数のグラフより下にある。したがって，平成12年の1事業所当たりの従業者数が平成10年と比較して増加しているのは明らか。　5. 平成7年において出荷額の数値（100）を事業所数の数値（100）で割ると1。一方，平成17年では1.4未満である。つまり，平成17年の1事業所当たりの出荷額は平成7年の1.4倍未満である。

5 3

解説 1. 誤り。1970年と1980年を比較すると，製造業の就業者が減少している。　2. 誤り。サービス業と卸売・小売業については，時期が下るほど就業者が増加している。　3. 正しい。最も変動が激しいサービス業について，最少の1970年と最多の2010年を比較すると，2283/906 ≒ 2.52倍の開きがある。　4. 誤り。最少と最多の時期の開きは，サービス業が 2283 − 906 = 1377〔万人〕，卸売・小売業が 1172 − 873 = 299〔万人〕，製造業が 1488 − 1018 = 470〔万人〕である。　5. 誤り。実質国内総生産が示されていないので，判断できない。

6 3

解説 1. 自然公園合計の普通地域の面積を2,000,000haとしても29％以上である。　2. 国立公園の公園数は国定公園の$\frac{1}{2}$倍より多く，国立公園の面積は国定公園の面積の2倍未満だから，国立公園の1公園当たりの面積は，国定公園の1公園当たりの面積の4倍未満である。　3. 都道府県立自然公園の面積の，国土面積に対する割合は5.214％だから，都道

府県立自然公園の特別地域の面積の，都道府県立自然公園全体の面積に対する割合（36.4%）を40%としても5.214×0.4＜2.6。つまり，都道府県立自然公園の特別地域の面積の，国土面積に対する割合は2.6%未満である。　4．都道府県立自然公園の面積を2,000,000haとしても国定公園の面積は都道府県立自然公園の面積の0.6倍以上であり，実際の都道府県立自然公園の面積は2,000,000ha未満である。よって，国定公園の面積は，都道府県立自然公園の面積の0.6倍以上である。　5．国立公園の公園数を30としても国立公園の1公園当たりの面積は，69,000ha以上であり，実際の国立公園の公園数は30未満である。よって，国立公園の1公園当たりの面積は，69,000ha以上である。

7　3

解説　1．誤り。オイルショックとの関連は，表中から読み取れない。なお，第1次オイルショックは1973年，第2次オイルショックは1979年のことである。　2．誤り。天然繊維織物について1980年と2010年のデータを比較すると，約16分の1に減少している。　3．正しい。毛織物について1980年と1990年を比較すると，一時的に増加していることがわかる。4．誤り。減少幅についてみると，2000年から2010年が1662百万m²であるのに対して，1990年から2000年は2942百万m²である。　5．誤り。化学繊維の品質については，表中から読み取れない。

8　3

解説　1．誤り。300人以上の事業所による製造品出荷額等の金額は，全体の52.2%であるから，半分を超えている。　2．誤り。出荷額は，全体の出荷額に割合をかけることによって求められるので，302.0356〔兆円〕×0.02≒6.041〔兆円〕である。　3．正しい。まず，グラフより，従業者数別事業所数について最も多いのは4～9人の事業所であり，その割合は37.6%である。また，その数は，全体の事業所数に割合をかけることによって求められるので，191,000×0.376＝71,816である。　4．誤り。事業所数について，20人以上の事業所は，20～29人が13.3%，30～99人が16.1%，100～299人が5.4%，300人以上が1.8%であるから，合計すると，13.3＋16.1＋5.4＋1.8＝36.6〔%〕となり，全体の3分の1を超えている。5．誤り。増加率を求めるためには時系列のデータが必要であるが，ここでは1年分のデータが与えられているだけなので，判断できない。

解説 1. 誤り。第3次産業人口率の差については，各国の縦軸の値の差を読み取ることによって求められ，イギリス，スウェーデンの差はわずかである。 2. 誤り。第3次産業人口率が60％以上，1人当たり国民総所得が20000ドル以下という条件を両方満たすのは，南アフリカ，ロシア，メキシコの3カ国である。 3. 誤り。1人当たり国民総所得の順位は9位である。日本より1人当たり国民総所得が大きい国として，アメリカ，スウェーデン，オーストラリア，オランダ，カナダ，ドイツ，イギリス，フランスが挙げられる。 4. 誤り。第2次産業人口率についてのデータは示されておらず，判断できない。 5. 正しい。1人当たり国民総所得の差については，各国の横軸の値の差を読み取ることによって求められ，最大がアメリカ，最少が南アフリカである。

●情報提供のお願い●

　就職活動研究会では，就職活動に関する情報を募集しています。

　エントリーシートやグループディスカッション，面接，筆記試験の内容等について情報をお寄せください。ご応募はメールアドレス（edit@kyodo-s.jp）へお願いいたします。お送りくださいました方々には薄謝をさしあげます。

　ご協力よろしくお願いいたします。

会社別就活ハンドブックシリーズ

浜松ホトニクスの就活ハンドブック

編　者	就職活動研究会
発　行	令和6年2月25日
発行者	小貫輝雄
発行所	協同出版株式会社

〒101-0054
東京都千代田区神田錦町2-5
電話　03-3295-1341
振替　東京00190-4-94061

印刷所　協同出版・POD工場

落丁・乱丁はお取り替えいたします

●2025年度版●
会社別就活ハンドブックシリーズ

【全111点】

運　輸

東日本旅客鉄道の就活ハンドブック	小田急電鉄の就活ハンドブック
東海旅客鉄道の就活ハンドブック	阪急阪神 HD の就活ハンドブック
西日本旅客鉄道の就活ハンドブック	商船三井の就活ハンドブック
東京地下鉄の就活ハンドブック	日本郵船の就活ハンドブック

機　械

三菱重工業の就活ハンドブック	浜松ホトニクスの就活ハンドブック
川崎重工業の就活ハンドブック	村田製作所の就活ハンドブック
IHI の就活ハンドブック	クボタの就活ハンドブック
島津製作所の就活ハンドブック	

金　融

三菱 UFJ 銀行の就活ハンドブック	野村證券の就活ハンドブック
三菱 UFJ 信託銀行の就活ハンドブック	りそなグループの就活ハンドブック
みずほ FG の就活ハンドブック	ふくおか FG の就活ハンドブック
三井住友銀行の就活ハンドブック	日本政策投資銀行の就活ハンドブック
三井住友信託銀行の就活ハンドブック	

建設・不動産

三菱地所の就活ハンドブック	鹿島建設の就活ハンドブック
三井不動産の就活ハンドブック	大成建設の就活ハンドブック
積水ハウスの就活ハンドブック	清水建設の就活ハンドブック
大和ハウス工業の就活ハンドブック	

資源・素材

旭旭化成グループの就活ハンドブック	関西電力の就活ハンドブック
東レの就活ハンドブック	日本製鉄の就活ハンドブック
ワコールの就活ハンドブック	中部電力の就活ハンドブック

九州電力の就活ハンドブック

自動車

トヨタ自動車の就活ハンドブック

本田技研工業の就活ハンドブック

デンソーの就活ハンドブック

日産自動車の就活ハンドブック

商　社

三菱商事の就活ハンドブック

住友商事の就活ハンドブック

丸紅の就活ハンドブック

三井物産の就活ハンドブック

伊藤忠商事の就活ハンドブック

双日の就活ハンドブック

豊田通商の就活ハンドブック

情報通信・IT

NTT データの就活ハンドブック

NTT ドコモの就活ハンドブック

野村総合研究所の就活ハンドブック

日本電信電話の就活ハンドブック

KDDI の就活ハンドブック

ソフトバンクの就活ハンドブック

楽天の就活ハンドブック

mixi の就活ハンドブック

グリーの就活ハンドブック

サイバーエージェントの就活ハンドブック

LINE ヤフーの就活ハンドブック

SCSK の就活ハンドブック

富士ソフトの就活ハンドブック

日本オラクルの就活ハンドブック

GMO インターネットグループ

オービックの就活ハンドブック

DTS の就活ハンドブック

TIS の就活ハンドブック

食品・飲料

サントリー HD の就活ハンドブック

味の素の就活ハンドブック

キリン HD の就活ハンドブック

アサヒグループ HD の就活ハンドブック

日本たばこ産業 の就活ハンドブック

日清食品グループの就活ハンドブック

山崎製パンの就活ハンドブック

キユーピーの就活ハンドブック

生活用品

資生堂の就活ハンドブック

花王の就活ハンドブック

武田薬品工業の就活ハンドブック

電気機器

三菱電機の就活ハンドブック	パナソニックの就活ハンドブック
ダイキン工業の就活ハンドブック	富士通の就活ハンドブック
ソニーの就活ハンドブック	キヤノンの就活ハンドブック
日立製作所の就活ハンドブック	京セラの就活ハンドブック
ＮＥＣの就活ハンドブック	オムロンの就活ハンドブック
富士フイルム HD の就活ハンドブック	キーエンスの就活ハンドブック

保　険

東京海上日動火災保険の就活ハンドブック	三井住友海上火災保険の就活ハンドブック
第一生命ホールディングスの就活ハンドブック	損保ジャパンの就活ハンドブック

メディア

日本印刷の就活ハンドブック	エイベックスの就活ハンドブック
博報堂 DY の就活ハンドブック	東宝の就活ハンドブック
TOPPAN ホールディングスの就活ハンドブック	

流通・小売

ニトリ HD の就活ハンドブック	ZOZO の就活ハンドブック
イオンの就活ハンドブック	

エンタメ・レジャー

オリエンタルランドの就活ハンドブック	任天堂の就活ハンドブック
アシックスの就活ハンドブック	カプコンの就活ハンドブック
バンダイナムコ HD の就活ハンドブック	セガサミー HD の就活ハンドブック
コナミグループの就活ハンドブック	タカラトミーの就活ハンドブック
スクウェア・エニックス HD の就活ハンドブック	

▼会社別就活ハンドブックシリーズにつきましては，協同出版のホームページからもご注文ができます。詳細は下記のサイトでご確認下さい。

https://kyodo-s.jp/examination_company